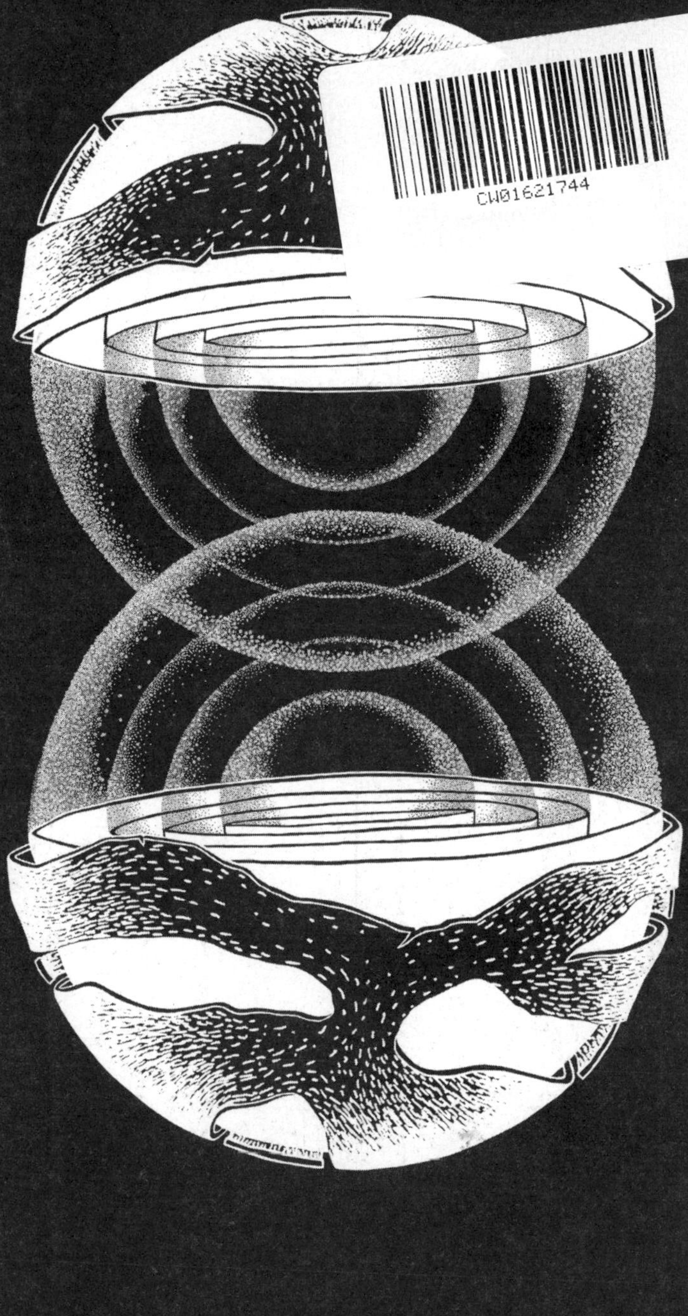

www.loqueleo.com/es

2016, Santillana Infantil y Juvenil, S. L.
Avenida de los Artesanos, 6. 28760 Tres Cantos (Madrid)
Teléfono: 91 744 90 60

ISBN: 978-84-9122-156-2
Depósito legal: M-37. 913-2015
Printed in Spain - Impreso en España

Segunda edición: enero de 2017

Directora de la colección:
Maite Malagón
Editora ejecutiva:
Yolanda Caja
Dirección de arte:
José Crespo y Rosa Marín
Proyecto gráfico:
Marisol del Burgo, Rubén Chumillas, Rosa Marín, Julia Ortega y
Álvaro Recuenco

Los nombres del fuego

Fernando J López

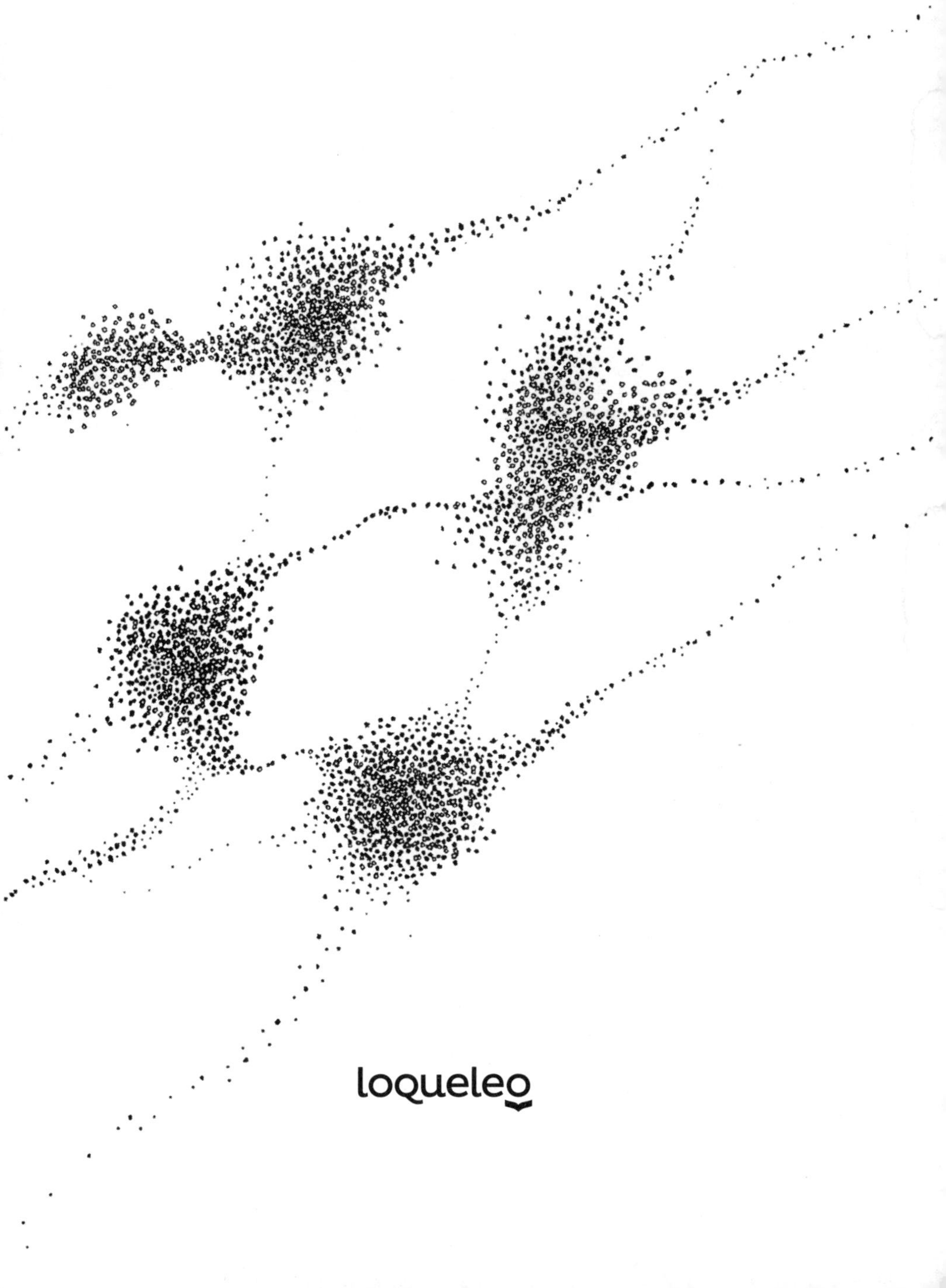

loqueleo

A mi abuela,
porque su aliento es raíz
de la que nacen mis palabras.

Y a Érika, Julia y Violeta,
para que siempre elijáis
el nombre de vuestros sueños.

Aun el jade se rompe,
aun el oro se quiebra,
aun el plumaje de quetzal se rasga...
¡No se vive para siempre en la tierra!
¡Solo un breve instante perduramos!
Poema azteca
(*Historia de la literatura náhuatl*
de ÁNGEL MARÍA GARIBAY)

La distinción entre pasado, presente y futuro
es solo una ilusión, aunque una muy tozuda.
ALBERT EINSTEIN

El guerrero tlaxcalteca se defendía con rabia. Era consciente de que solo le quedaban unos instantes de vida, pero no estaba dispuesto a morir como un cobarde y se esforzó por aniquilar, uno a uno, a los oponentes aztecas que, bajo sus trazas de jaguar, subían a aquella rueda giratoria.

Con la pierna derecha atada al eje de la plataforma, sus movimientos se veían limitados ante la furia de sus oponentes, entrenados para darle muerte en el sacrificio ritual. Xalaquia observaba la escena desde lejos, oculta en la muchedumbre que gritaba enardecida con cada nuevo golpe. Sin embargo, la arrogancia de los atacantes encontró un duro escollo en el orgullo de quien estaba destinado a ser su víctima y los tres primeros contendientes recibieron cortes de tal profundidad que cayeron, sin vida, sobre la plataforma.

—¡Tlahuicole ha vuelto del infierno! —gritó uno de los sacerdotes—. El dios del inframundo lo ha devuelto a nosotros.

Xalaquia recordó a aquel hombre, casi un gigante, llamado Tlahuicole y a quien Moctezuma había obligado a combatir al frente de sus tropas. Tras obtener la victoria para el bando azteca, el guerrero había pedido ser sacrificado en esa misma rueda antes que tener que asumir el deshonor de volver a su pueblo como general del ejército enemigo. Se dispuso a recibir la muerte, no sin matar antes a ocho contrincantes y herir de gravedad a otros veinte. Ahora, al ser testigos del celo con el que el indómito joven defendía su vida, la multitud allí congregada no podía dejar de pensar en la muerte del prodigioso Tlahuicole.

Cuando estaba a punto de subir el cuarto guerrero, un sacerdote detuvo la ceremonia. El oficiante se dirigió a todos los allí congregados y les comunicó el deseo que había manifestado el mismísimo emperador Moctezuma el Joven de conceder su gracia al valiente soldado de Tlaxcala a cambio de que este, como Tlahuicole en su día, se sumara a las tropas de Tenochtitlan y combatiese al frente de ellas.

Xalaquia sintió cómo su corazón se aceleraba y concentró toda su energía en desear una única respuesta por parte de aquel joven que acababa de ganarse el derecho a decidir sobre su propia vida. Invocó la protección de Coatlicue, la diosa de la falda de serpientes, y repitió para sí un conjuro que, según había aprendido, tenía el poder de forzar voluntades.

La magia de sus palabras, sin embargo, no pareció tener efecto alguno en el ánimo de aquel soberbio joven.

El sacerdote tampoco podía creer que prefiriese morir a manos de sus enemigos antes que conservar la vida uniéndose a ellos. ¿Tan cara vendía su lealtad el pueblo tlaxcalteca? Xalaquia cambió las súplicas por amenazas y advirtió a Coatlicue que renegaría de su culto si no impedía que el joven muriese.

En ese instante, justo cuando la joven repetía por tercera vez los versos finales de su conjuro náhuatl, la tierra se oscureció y los cielos se abrieron con furia en una terrible tormenta. Los rayos, que caían con ira sobre la tierra, incendiaron la plataforma y provocaron la dispersión de los allí congregados mientras los sacerdotes intentaban mantener la calma y encontrar el modo de acabar de una vez con aquella ceremonia. Cuando cesó la lluvia y el agua arrastró consigo los últimos rescoldos del fuego, no había rastro alguno del guerrero tlaxcalteca: tan solo quedaba, medio carcomida por las llamas, la soga que lo ataba a la piedra, arrancada de cuajo como si la hubiera mordido una bestia salvaje.

Xalaquia regresó con su familia y prometió a Coatlicue toda suerte de dones y ofrendas en cuanto la lluvia cesase. Esa noche presintió cómo se adentraba en el interior de la selva un majestuoso jaguar... Si sus sueños no la engañaban, y rara vez lo hacían, sus caminos estaban destinados a volver a encontrarse.

1

Todo ha ido muy bien hasta que me has soltado la excusa habitual.

La misma que he oído en otras voces —en otras miradas— estos últimos dos años. Que si ha estado bien, que si ya nos veremos por ahí, que si ahora solo buscas divertirte... Y no sé bien qué es lo que busco yo, ni por qué he acabado enrollándome contigo al final de una fiesta en la que todo —salvo tú— me ha parecido vulgar y aburrido, pero preferiría que no hubieses dicho nada. Que no hubieses dado por hechos mis sentimientos. Ni mis expectativas.

No tengo mucho de eso. Expectativas, quiero decir. En parte porque no sé si es muy práctico acumular deseos que quizá nunca vayan a cumplirse, y en parte porque a veces creo que lo que de verdad me da miedo es que se cumplan. No sé si entiendes eso, ni siquiera sé si debería habértelo contado, pero sí recuerdo que justo antes de que empezáramos a besarnos intenté decirte algo así.

—Eres un poco rara, ¿no? —me respondiste.

—¿Eso es malo?

Tu mano ya rozaba mi cintura. Tus ojos, desde tan cerca, parecían más azules aún.

—No, nada... Me gusta.

—¿Te gusta que sea rara? ¿O que sea tan solo «un poco rara»? Por cierto, ni siquiera sé si me has dicho tu nombre.

—Raúl.

No dices nada más y vuelves a besarme. No eres demasiado hábil, pero admito que le pones la suficiente energía como para que no me aburra. Para que, sin decírtelo, siga teniendo ganas de más.

—Sabes bien... —me dices.

Y soy un poco rara. No sé si con esas dos cualidades —saber bien, ser rara— me espera un gran futuro sentimental. Saber bien suma puntos, imagino. Pero ser rara, no. Y no es que me esfuerce en parecerlo, pero tampoco me sale espontánea esa supuesta normalidad con la que los demás parecen sentirse tan cómodos. Tan identificados.

—Tenemos que irnos, Abril.

A veces, cuando me miran con la intensidad con la que me miras tú, se me olvida que, además de dieciséis años, también tengo un millón de normas que cumplir. Porque la madurez —seas rara o no— no sirve de gran cosa cuando discutes con tu madre sobre la hora de llegada. Sobre todo si tu madre está obsesionada contigo desde que se ha divorciado y ha decidido que la protección —entendida en su expresión superlativa— es la mejor medida para evitar problemas. Y, en especial, para no tener que pensar en su propia vida.

—No te pillo.

Apuras la copa y te cojo el vaso sin preguntar. No sé qué es, pero sabe amargo. Sonríes y me dices que lo de hoy «no hay que tomarlo en serio», que solo ha sido «una noche guay». ¿No te lo he contado? Odio a la gente que dice que algo es «guay», así que ahora me doy cuenta de que no tiene sentido que yo comparta mucho más contigo... No. Mejor me voy.

—¿Tan pronto?

Qué remedio. Marina trae los abrigos y me empuja sin ningún tipo de delicadeza hacia la puerta. Ni siquiera le damos las gracias a Nico por la fiesta en su casa y salimos corriendo para coger el último metro. Tampoco le hemos visto mucho. Se ha pasado la tarde con Hugo, aunque tengo la impresión de que siguen en el mismo lugar en el que se encontraban... En punto muerto.

—Y tú, Abril, ¿qué tal con ese?

Marina no ha tenido suerte —hace tiempo que no la tiene, en realidad— y, para que no pase un mal rato, le hago un relato completamente frío de lo que sí me ha pasado a mí. Le cuento que no ha sido nada del otro mundo. Que casi no hemos hablado. Que solo me he enrollado contigo porque no tenía nada mejor que hacer. Marina sonríe, no sé si porque me cree o porque agradece que no magnifique lo que ella, ahora mismo, echa en falta.

—Sabes, creo que mi cutresuperpoder está fallando un poco.

No puede ser. Marina es, hasta la fecha, la única de los tres que no se ha encontrado con su verdadera némesis. Los demás, sí. Nico y yo sí que tenemos claro cuál es nuestro cutresuperpoder y cuál es la kriptonita que lo anula. No sé si todo esto de viajar en el tiempo ya nos venía de serie o si ha sido una mutación a lo X-Men, pero eso es lo de menos. Lo único que importa es que hemos aprendido a controlarlo y a sacarle el máximo partido. El cutresuperpoder de Marina consiste, así lo llama ella, en viajar al pasado. Es capaz de convertir cualquier experiencia negativa en algo positivo. Le basta con un segundo para reorganizar una situación y transformarla, a su antojo, en un recuerdo favorable.

—Pues ya ves, Abril. Hoy no consigo que funcione.

Le digo que no se preocupe, que eso nos pasa a todos los mutantes, pero en realidad sí que me preocupa que sea incapaz de alterar un recuerdo tan sencillo como el de una vulgar fiesta.

—Estoy cansada. Nada más.

Prefiero no presionarla y finjo que me convence su respuesta. Le describo alguna ocasión en la que el mío también ha fallado. Ella me confiesa que le gusta más mi cutresuperpoder que el suyo. Le respondo que cada cual tiene sus propias ventajas e inconvenientes y Marina asiente. En mi caso, claro que a veces resulta muy útil poder viajar hacia otra realidad paralela que me permita anular cuanto sucede a mi alrededor. Y lo mejor es que quien está junto a mí no lo nota, porque da la impresión de que sigo atenta a sus palabras. Hasta la fecha, siempre he sido capaz de continuar una conversación en la que no estaba presente, porque mi particular don actúa con rapidez, como una segunda piel que ofrece la respuesta más adecuada mientras yo sigo lejos —mucho, muy lejos— en otro lugar y entre otros pensamientos. Otras imágenes, escenas que no sé bien de dónde vienen, pero que anulan cuanto sucede a mi alrededor. Si Marina es capaz de viajar al pasado y cambiar lo vivido, yo lo soy de hacerlo en el presente y apartarme de lo que supuestamente debería estar viviendo.

—Es útil, ¿no?

En casa, sí. En casa, con mi madre, desde que la situación ha cambiado a peor, todo lo que me permite evadirme es siempre muy útil.

—Entonces, ¿no le has dado el móvil? ¿Ni siquiera el Facebook? ¿O el Twitter?

Le explico que no pretendo volver a verte, que ha sido solo un encuentro para pasar el rato, que si no hubiera tomado ese vaso de vete a saber qué, jamás me habría enrollado contigo. Me escucho contándole a Marina lo que sé que necesita oír mientras, en mi cabeza, se cruzan mis palabras sobre ti con mis imágenes contigo. Y entonces, gracias al cutresuperpoder que me aleja de todos y me lleva a otros lugares donde a veces no sé si quiero estar, vuelvo a sentir el roce de tus manos sobre mi cintura, la rotundidad de tus labios en los míos, la intensidad de tu mirada sobre mi cuerpo. Pero eso no se lo digo a ella. Ni te lo digo a ti. Eso lo pienso ahora, aquí, en la soledad de este dormitorio donde puedo ser tan rara —¿por qué todo el mundo intenta definirme con un solo adjetivo?— como me apetezca, donde puedo recordar ese último beso que, ya lo sé, no significó nada, pero que me ha hecho olvidar que hoy, hace exactamente un año, cambió todo.

Y solo por eso, por haberme ayudado a construir un nuevo recuerdo para este maldito 3 de septiembre, ese instante contigo ya mereció la pena.

Xalaqua

Cuando sus padres consultaron el *Tonalpohualli* supieron que su nombre sería Xalaquia. El Libro de los Destinos jamás había errado con las palabras que atribuía a los miembros de su comunidad, aunque en este caso Ohtonqui no entendiera bien qué relación podía haber entre el futuro de su hija y la arena que señalaba el calendario sagrado. La muerte de su madre en el parto había marcado aquel nacimiento con la tragedia y Ohtonqui esperaba que la hija llevase consigo el alma noble y sumisa de la mujer que le había dado la vida.

La niña recibió su nombre igual que años atrás lo había hecho su hermano. Tardaría tiempo en entender hasta qué punto aquellos sonidos cincelaban su carácter y, más aún, su futuro. «La que viste de arena». Tan pronto como tuvo uso de razón, a Xalaquia comenzó a atormentarla la idea de ver su cuerpo cubierto de tierra, y sus sueños se llenaron de tormentas de arena que la desvelaban a mitad de la noche. Envidiaba la suerte de Izel, su hermano, a quien le había correspondido el nombre de «Único», en una promesa de excepcionalidad —y de libertad— que ella sentía muy lejos de sí misma.

—Cada uno de nosotros tiene su lugar —le repetía su padre, uno de los chamanes más respetados del pueblo, perteneciente a uno de los antiguos linajes de la nobleza Pipiltin, la nobleza hereditaria azteca.

—Pero yo sigo sin saber cuál es el mío.

—Cuando llegue el momento, lo sabrás.

Aquellas palabras no conseguían serenar su ánimo. ¿Qué momento era aquel que tenía que llegar? ¿Y cómo lo sabría? ¿Tendría algo que ver con la arena que vaticinaba su nombre? Cuando las dudas la acuciaban, se esforzaba por convencerse de que el *Tonalpohualli* se equivocaba. Nunca se lo confesó a nadie en voz alta, porque temía que su arrogancia despertara la ira de sus dioses, pero se repetía que aquel libro podía haberse confundido en la profecía de su futuro.

—Tu sitio está aquí. Con tu familia.

—¿Y el tuyo, hermano?

Izel alzó sus armas y la miró fijamente. Aquel era su lugar, la guerra para la que había sido entrenado desde hacía ya ocho años. Xalaquia recordaba como si fuera ayer la noche en que lo apartaron de su lado. Ella se esforzó por seguirlo sin que la descubrieran y pudo ver cómo unos soldados cortaban el cabello de unos quince niños de su edad, hasta dejar solo un visible mechón central en sus cabezas. Izel no tenía más de diez años y ella, en aquel instante, sintió una mezcla extraña de envidia y miedo. Envidia porque su hermano estaba a punto de comenzar una aventura que ella sospechaba fascinante. Miedo porque no sabía si aquella aventura tendría un final feliz.

Durante cinco años fue adiestrado en la disciplina militar hasta convertirse en uno de los guerreros más renombrados entre los jóvenes de su pueblo. Solo hacía algunas lunas que Izel había cortado su mechón en señal del fin de su tiempo de entrenamiento y ahora lucía el cabello negro y brillante que cubría su oreja derecha.

Xalaquia sentía que no era el cuerpo lo único que había cambiado en su hermano. Ni siquiera su poderosa musculatura resultaba tan amedrentadora como sus silencios y sus miradas. Agilidad, rapidez y fuerza: tres cualidades que lo convertían en un enemigo poderoso y avezado. Por eso, a menudo, Xalaquia pedía a los dioses que lo protegieran, porque temía que sus extremadas cualidades le hicieran subestimar a sus enemigos en alguna batalla.

Ella, entre tanto, había buscado el modo de escapar de su destino. Se veía a sí misma enterrada bajo la arena de un sexo que parecía negarle la oportunidad de construir su identidad. Su padre no tardaría mucho en elegir con quién habría de compartir su vida, y sus días repetirían, sin otro aliciente que el de seguir respirando, los amaneceres que vivió hasta el final su propia madre. El fantasma de la arena se hizo tan presente en sus noches que comenzó a esconderse del sueño. Lo evitaba espiando las conversaciones de sus mayores o curioseando entre los amuletos que guardaba su padre. Poco a poco, su labor de obsesivo espionaje comenzó a dar sus frutos.

Observaba a los sacerdotes, escuchaba con atención los conjuros que Ohtonqui pronunciaba y leía los labios de los chamanes que se reunían en torno a él.

—¿Y si te descubren?

—Tranquila, Zeltzin, no lo harán.

A Zeltzin sí le gustaba su nombre. La Delicada. La Primera Hija. Había algo en esa cualidad que la hacía sentir importante. Y, más aún, protegida. Xalaquia no lograba entender que su amiga pudiese encontrar algo hermoso en aquel signo de debilidad, pero tampoco le parecía justo envenenarla con sus inquietudes. Sobre todo si, como le había sucedido a ella, acababan convirtiéndose en una obsesión.

—No deberías...

—Nadie dijo que ese lenguaje les perteneciera.

—Pero no puedes usarlo sin estar segura de...

—¿Y quién lo está? Ni el más sabio de los chamanes es consciente de todo lo que puede conseguirse si se dominan las artes del nahualatolli.

—El lenguaje de lo oculto no es un juego, Xalaquia.

—Lo sé. Es un instrumento.

—¿Para qué?

—Eso todavía tengo que averiguarlo.

Durante muchas noches probó a combinar aquellas palabras que, decían, escondían el nombre secreto de las cosas. Tratando de observar si tenían algún efecto en su realidad, comenzó a convertir aquellas frases, al principio incoherentes, en íntimas poesías de cuyo sentido ni siquiera ella estaba muy segura. Sumaba sonidos que sugerían lugares, acciones, recorridos, horizontes... y dibujaba vidas en aquellos versos que guardaban una música extraña, tan oscura como la noche que pretendía atraparla con sus sueños de arena.

Y una de esas madrugadas en las que huía de sus pesadillas, apenas unos meses antes de que se produjera el inesperado encuentro con el rebelde guerrero tlaxcalteca, repitió unos versos que nacieron en sus labios sin apenas pensarlos. No hizo esfuerzo alguno por escoger las palabras, pues sentía que eran ellas las que se escogían entre sí. Escuchó su propia voz con extrañeza, como si fuera otra persona la que hablaba, y ni siquiera su tono —más profundo y rasgado a la vez— le resultaba familiar. Intentó detenerse, pero los versos seguían naciendo descontrolados hasta que las palabras se enredaron, en forma de ramas, sobre su cuerpo. Luchó por zafarse, mas el árbol que la había atrapado se negaba a dejarla marchar, le apretaba los brazos y susurraba con las hojas los mismos versos que ella había pronunciado unos segundos antes.

Xalaquia gritó. De repente, se vio tendida en su lecho, lejos de aquel paisaje que había creído recorrer. Los brazos, sin embargo, aún le dolían. Se fijó con más atención y vio que estaban ligeramente enrojecidos: en ambos se podía adivinar la marca inequívoca de las ramas de un árbol.

2

Abril ha actualizado su estado:

Odio mi nombre.

Odio que me pregunten por mi nombre.

Odio que me pregunten qué me parece mi nombre.

Odio que quieran ligar conmigo diciendo algo ingenioso sobre mi nombre.

Odio que no sepan decirme nada que realmente me importe...

Odio que sea 17 de septiembre.

Odio empezar de nuevo.

Odio intuir que todo va a ser igual que siempre.

Odio no encontrar una frase que me guste más para el punto y final.

A 2 personas les gusta esto.

—Me ha contado Marina que en la fiesta tuviste suerte... Qué calladito te lo tenías.

—No sé.

—¿No sabes, Abril?

—Depende de lo que quieras decir con «suerte», Nico...

—¿No estuviste con Raúl?

—¿Se llama Raúl?

—No te hagas la tonta... Además, está muy bueno, ¿o no?

—Estuvo bien, sí... Pero pudo haber estado mejor.

—¿Vas a volver a verlo?

—No tengo su teléfono.

—Yo sí.

—Paso. Que me busque él a mí. O no, mejor que no me busque.

—A ver si te aclaras.

—¿Y tú?

—¿Yo qué?

—¿Ha habido algún avance?

Nico niega con la cabeza y da una sutil patada contra el suelo. Es un movimiento brusco, inconsciente. Uno de esos gestos que revelan —sin pretenderlo— todo lo que se oculta detrás.

—¿Tú le has dicho que...?

—Yo no le he dicho nada, Abril. Pero no hace falta... Hugo no puede ser tan tonto como para no darse cuenta. Además, sé que a él le pasa lo mismo. Y que siente lo mismo. Es solo que...

Nueva patada. Nueva pausa. Nueva mirada al suelo.

—Le da miedo, Abril. Y yo no me atrevo a forzarle a decirlo.

—Ya.

¿Le animo? ¿Le digo que sea cauto? ¿Me callo? Ni idea. Temo que cualquier consejo acabe dando lugar a una acción estúpida y, peor aún, a un desencuentro. No sé si Hugo está o no preparado para afrontar sus emociones. Ni si el radar del que presume Nico es tan certero como dice. Ni si esta historia va a salir bien y tiene razón en empeñarse en seguir adelante con ella.

—¿Te has fijado en el nuevo? —Nico, como hace siempre que algo le incomoda, cambia rápidamente de tema. Está bien, lo pillo: hoy prefiere no hablar más de sí mismo.

—¿En quién?

Apunta con la mirada a un chico que se encuentra a solo unos metros de nosotros dos. Está recostado contra uno de los muros del patio, observando —supongo— y tomando nota del espacio y de la gente que lo llenamos.

—¿Ese?

—Sí.

—¿Por?

—No sé. Me intriga.

—A ti te intriga cualquier novedad, Nico.

—Cuando intuyo que alguien es interesante, sabes que suele serlo...

Es cierto. En nuestro trío de cutresuperpoderes, el suyo es viajar al futuro. Si a Marina se le da bien disfrazar el pasado y a mí, escapar del presente, la habilidad de Nico consiste en predecir cómo van a ser los demás. Cuando nos advierte que alguien acabará traicionándonos, rara vez se equivoca... Un asco, la verdad, porque da mucha rabia tener que darle la razón tan a menudo. Marina dice que no sabe si es intuitivo o gafe, pero el caso es que sus intuiciones no suelen errar. O no demasiado.

—¿Has hablado con él?

—Que yo sepa, él aún no ha hablado con nadie.

—Ya cogerá confianza.

—No creo que lo suyo sea falta de confianza... ¿No te parece que tiene una mirada un poco...?

—¿Un poco cómo?

—Arrogante.

—Quizá.

El nuevo se ha dado cuenta de que lo observamos. Gira la cabeza hacia nosotros y nos dedica una mirada con una sonrisa que no sé si es cómplice o maliciosa. Es de ese tipo de gestos que pueden significar «tengo ganas de conoceros» o bien «os vais a arrepentir de haberme conocido»... Confieso que hasta ahora no me había fijado apenas en él. No sé si mi indiferencia se debe a que él no abre la boca, a que yo este curso no tengo demasiadas ganas de relacionarme con nadie o a que es uno de esos que se sientan —voluntariamente— en la primera fila en clase de Física y de Matemáticas. Nunca te puedes fiar de la gente de la primera fila, hay algo de depredadores natos en todos ellos.

—Viene hacia aquí.

—Por tu culpa, Nico.

—¿Perdona?

Lo veo acercarse y en mi cabeza, de repente, se cruza una imagen que se ha repetido, en las últimas semanas, más de una vez. No consigo entender qué significa —una cuerda, una sombra, ¿una hoguera?— y trato de quitarle importancia. Lo malo de tanto viaje en el tiempo es que, con frecuencia, pierdes el control de cuándo es conveniente hacerlo y cuándo no. Me oculto tan a menudo en otras realidades para escapar de la mía que a veces me cuesta sincronizar el plano de lo que es con el plano de lo que imagino... Me recompongo y adopto una pose lo bastante interesante como para resultarlo de verdad. Las primeras impresiones siempre son las más importantes, aunque sean mentira.

—¿Tenéis ya grupo para el trabajo de Francés?

Mierda. Lo había olvidado... Como si sus redacciones y dictados no fueran tortura suficiente, este año César ha sumado a su ritual sádico la obligación de constituir grupos de trabajo de cuatro alumnos. ¿Por qué cuatro? Ni idea. Es el tipo de estupidez dogmática que nos sueltan de vez en cuando en clase y que no admite réplica alguna. Se supone que sirve para «motivar el trabajo en equipo»; ya, claro, como si alguien trabajara de verdad en equipo en este país. En este mundo... Aquí no trabaja en equipo nadie. Aquí vamos todos a nuestra bola. Y punto.

—¿Por qué preguntas?

—Se supone que si no se presenta el trabajo, no se puede ir al viaje en diciembre. Eso ha dicho el de Francés, ¿no?

—Va de farol. No puede dejarnos sin el viaje a París por un estúpido trabajo. En el Martín Gaite ese viaje de 1.º de Bachillerato es ya una tradición.

—No sé, a mí me pareció que iba muy en serio. A fin de cuentas, la salida la va a coordinar él.

—Entonces, ¿qué? —lo siento: me irritas—. ¿Quieres hacer el trabajo con nosotros o no?

No he podido contenerme. Me aburre la gente que en vez de decir directamente lo que quiere, comienza a dar vueltas de un lado a otro... El nuevo no contesta y se lo piensa. Nos mira de arriba abajo —¿se puede ser más prepotente?— y mastica su respuesta antes de lanzarla. En mi cabeza, no sé por qué, se sigue repitiendo la misma imagen y, poco a poco, empieza a convertirse en una secuencia de acciones de las que solo veo con claridad cómo una sombra —¿la silueta de qué?, ¿de quién?— atraviesa el fuego.

—¿Que si me quiero apuntar?

—Sí.

—¿No sois cuatro ya?

—No. Somos tres.

—¿Qué tres?

Me rindo.

—Mira, déjalo.

Nico me detiene. Quiere al nuevo en nuestro grupo. Le intriga demasiado.

—Marina, Abril y yo. ¿Quieres ser el cuarto sí o no?

Nuevo silencio. Me gustaría decirle que se vaya a otra parte con su soberbia, pero al final no lo hago. Tengo curiosidad por saber qué esconde bajo su disfraz.

—Y por qué no.

Tiene gracia. En un momento ha logrado darle la vuelta a la situación. De repente no es él quien nos pide que, por favor, lo incluyamos en nuestro grupo. No, ahora somos nosotros quienes casi le rogamos a él que quiera formar parte de él. ¿Cómo se consigue algo así?

—Muy bien —sonríe—. Así nos conocemos.

—Me muero de ganas.

Hay suerte: suena el timbre y no le da tiempo a reaccionar a mi sarcasmo. Mejor.

—¿Y este imbécil cómo se llama?

—Iván.

—Pues va a ser eso, Nico.

—¿El qué?

—Su chulería. Lo mismo es que tiene complejo de zar.

—No seas mala.

Entramos en clase, miro mi móvil y veo el icono de una conversación nueva en mi WhatsApp. Pienso que será Marina, que hoy no ha venido porque no se encontraba bien. Sin embargo, al abrir el mensaje compruebo que no aparece ni el número ni el nombre de la persona que me escribe. Hago *clic* en la información del contacto y me encuentro con una pantalla vacía, sin un solo dato sobre el remitente. El mensaje tampoco aporta mucha información, solo una palabra: *raíz*. Nada más. Un mensaje que tiene que ser una broma estúpida (por cierto, ¿cómo se manda un *whatsapp* sin número?) y que borro inmediatamente. Mientras lo elimino siento una mirada arrogante y soberbia que se clava sobre mí desde la primera fila.

Quién sabe... Puede que este curso no sea tan aburrido como había imaginado.

Izel

La noche se había llevado consigo la vida de dos de los guerreros más valientes del pueblo. Un grupo de rebeldes tlaxcaltecas había atacado por sorpresa a las tropas de Tenochtitlan en represalia por el último sacrificio de sus hombres. Los aztecas habían capturado a sus víctimas en una de sus habituales guerras floridas, escarceos militares con los que azuzaban a los rebeldes y que, a la vez, servían de entrenamiento a sus tropas. El desconocido por el que Xalaquia había implorado a la diosa Coatlicue era el único de aquellos guerreros que, gracias a su invocación, había conseguido salvar la vida en el sacrificio ritual.

Tras la agresión tlaxcalteca, el deseo de venganza se alojó con fuerza en el corazón de Izel, que había perdido en aquella sangrienta acción rebelde a su mejor y más leal amigo, un joven de su misma edad con quien había compartido los rigores del entrenamiento militar. Una vez más, el Libro del Destino había acertado en sus designios: había dado a su amigo el nombre de «ribera», y Analli había perdido la vida a orillas de las aguas que cubrían la poderosa ciudad de Tenochtitlan. Fueron las aguas sobre las que se elevaba el imperio las que acogieron, en la soledad de la noche, el cuerpo y la sangre de aquel valiente guerrero.

Xalaquia sintió como suyo el dolor de su hermano y se esforzó por inventar un conjuro que diese con el paradero de sus enemigos. Teniendo en cuenta que los mejores soldados de Tenochtitlan andaban tras ellos, estaba segura de que no habrían podido llegar muy lejos. Solo necesitaba encontrar el modo de desnudar los árboles, lagos y ríos donde debían de haberse escondido los rebeldes. Tras escabullirse con cuidado para que su padre no la descubriese, se dispuso a escuchar el sonido de la tierra, convencida de que las palabras había de dictarlas el rumor del viento entre las hojas de los árboles y en los surcos del agua. Con paciencia y, sobre todo, con la convicción de que hacía lo correcto, dedicó toda la noche a capturar sonidos que interpretaba desde su intuición, deseando que la magia surtiese efecto y sirviese de ayuda a su pueblo.

Entre tanto, su hermano seguía buscando sin descanso a los responsables de la muerte de Analli, con quien le habían arrebatado una parte —la mejor, o así era como él lo sentía— de sí mismo. Xalaquia, impaciente por probar su conjuro, esperó hasta el amanecer para pronunciarlo.

Buscó un lugar oculto desde el que nadie pudiera oírla y pidió permiso a los dioses para posar sus manos sobre el árbol al que quería confiar sus palabras. Convencida de la aprobación de su venerada Coatlicue, acarició con suavidad la corteza y dibujó con las manos una estrella con la que quiso simbolizar la luz que había de alumbrar su búsqueda. Después, hincada de rodillas sobre la tierra húmeda, recitó su conjuro al gran dios del sol, Huitzilopochtli:

Listo para el combate,
nacido de Coatlicue y venerado por la tierra,
esta tierra que sostiene mis pasos,
que alumbra mis días:
Huitzilopochtli, haz que la luz se haga
como se hizo tu venganza
sobre quienes quisieron darte muerte.

Nada sucedió.

El bosque permaneció tal y como había estado siempre. Xalaquia sintió una ligera decepción y se preguntó qué había podido fallar... Quizá no había heredado ni uno solo de los dones de su padre y sus intuiciones infantiles —aquellos momentos en que creía poder emularlo— no habían sido más que actos de arrogancia por su parte.

Se levantó del suelo llena de tristeza y desánimo y, en ese mismo instante, un haz de luz rasgó el cielo y abrasó un rincón que se hallaba solo unos metros más allá. Mientras corría hacia el lugar donde habían caído los rayos, sintió una ligera molestia sobre la ceja izquierda. Alzó la mano y se dio cuenta de que se había hecho una pequeña herida justo ahí. Apretó con fuerza para intentar frenar el delicado hilo de sangre. Aquella cicatriz sería la primera de las que cada conjuro habría de traer consigo, pues cuanto mayor fuera la magia que se solicitaba, más profundo era el riesgo que se asumía.

Cuando por fin llegó al lugar donde había visto arder el cielo, Xalaquia descubrió los cadáveres carbonizados de dos hombres que, supuso, debían de haber sido los asesinos de Analli. La visión de ambos cuerpos la paralizó. Esperaba sentir satisfecha su sed de venganza pero, en realidad, solo fue capaz de experimentar un horror seco y contundente, un miedo atroz hacia el poder que había demostrado su magia —¿qué sucedería si alguna vez perdía el control del lenguaje que ahora creía dominar?— y, sobre todo, una incómoda sensación de culpa que tardaría muchos soles y lunas en desvanecerse. La visión de los cuerpos abrasados al pie de aquel árbol se grabaría en ella para siempre.

Igual que sucedió con la mirada del guerrero desconocido al que su magia había librado de la muerte.

Aún no se explicaba qué era lo que la había impulsado a traicionar, en secreto, a su pueblo, pero sí era consciente de que había visto algo en él que nunca antes había intuido. Algo que le decía que aquel joven a quien jamás había visto iba a ser esencial en su futuro. Y en el de su gente... Además, Xalaquia estaba convencida de que el verdadero peligro —tal y como se repetía en sus sueños— se hallaba cerca. Y la amenaza no tenía nada que ver con las reyertas con los tlaxcaltecas, sino con algo mucho más oscuro. Mucho más lejano. Y mucho más letal.

Y que, hasta 1519, no tuvo nombre.

Algo que, cuando mostró su rostro, marcó el inicio del verdadero horror.

3

—¿Estás de broma?

Sabía que no me iban a creer. La verdad es que yo tampoco les habría tomado en serio si ellos hubieran intentado contarme algo así.

—¿Así que tu móvil te manda mensajes? —Nico no puede evitar reírse. Y Marina lo imita.

—¿Queréis verlo?

—Claro.

Nico coge mi móvil y lee con atención los *whatsapps* que recibo desde hace una semana. Todos anónimos y con el mismo contenido: tres palabras —*raíz, fuego* y *arena*— que se repiten varias veces al día.

—Vamos a ver quién es el gracioso que te los manda.

—No se puede.

—Es imposible mandar un *whatsapp* con un número oculto, Abril.

Me esfuerzo por contenerme —no soporto que me pongan en duda cuando llevo razón— y finjo paciencia mientras Nico y Marina intentan averiguar la identidad de mi desconocido interlocutor. Por supuesto, fracasan en ello y, lejos de alarmarse, se limitan a interpretarlo de forma superficial y, cómo no, tecnológica.

—Será alguna aplicación nueva.

—¿Una qué?

—Sí, seguro que alguien se la ha descargado y te está tomando el pelo.

—O a lo mejor eres tú la que nos está gastando la broma a nosotros.

—¿Hablas en serio, Marina?

—¿Y por qué no?

—Porque sabes que odio ese tipo de cosas. Las bromas no van conmigo.

—Siempre hay una primera vez.

—Gracias por vuestra comprensión. En serio. Me encanta tener amigos así.

Cojo mi móvil y los dejo con la palabra en la boca en medio del pasillo. No sé qué clase toca ahora, pero me escabullo del instituto en un descuido de los conserjes y decido que la próxima hora la voy a pasar sentada en uno de los bancos del parque que está justo al lado. No me apetece aguantar cincuenta y cinco minutos de tortura verbal por parte de otro de esos profesores que nos vomitan lo mismo que puedo leer yo sola en el libro. Ni quiero ver los *whatsapps* de disculpas que sé que me van a estar mandando Nico y Marina durante toda la clase. Porque no van a ser reales, serán un simple protocolo, una de esas cosas que se hacen para quedar bien, pero no porque creamos de verdad en ellas. Y yo estoy harta de tanta hipocresía y de tanta educación fingida. Yo lo que quiero es que escuchen de verdad. Que no me juzguen —también ellos, mierda—, que no me hagan sentir idiota porque la realidad supere, como hace siempre, los límites de lo que a todos nos parece aceptable.

Por eso no les he dicho que cada vez que recibo uno de esos mensajes se cruza en mi cabeza la misma imagen. Una sombra —alguien o algo— que se acerca a un fuego. Desde que comenzó el curso no he dejado de soñar ni una sola noche con esa silueta que soy incapaz de identificar y que, por algún motivo que desconozco, los mensajes reavivan en mí. Estoy convencida de que todo es producto de mi imaginación, o de mi cansancio, o hasta del maldito Raúl, porque para no preguntarme si debería buscarle después de la fiesta en la que nos enrollamos, me invento escenas ridículas que no me pueden estar pasando a mí. Sí, es eso, tiene que ser eso. Una forma de concentrarme en misterios que yo misma me invento con tal de no echar una mirada de verdad a lo que me está pasando.

Hazles caso, me digo. Puede que Nico y Marina tengan razón y todo esto no sea más que una broma pesada. A fin de cuentas, solo se trata de unos cuantos mensajes que cualquiera, con los medios adecuados, podría haberme escrito. Sin embargo, mi intuición me dice que hay algo más. Quizá porque no es la primera vez que me sucede un hecho difícil de explicar. Desde niña se han repetido a mi alrededor este tipo de situaciones incómodas, detalles minúsculos que a nadie importan —ni siquiera a mí, lo confieso— y que no tienen una explicación racional. Un libro que aparece colocado donde no debería. Un regalo que crees haber abierto y encuentras, de repente, perfectamente envuelto. Un ordenador que se enciende cuando jurarías haberlo apagado. Solo son juegos de la memoria. Solo eso. Y ni siquiera resultan lo suficientemente importantes como para ser recordados.

—¿Pasando de la biología?

Lo malo de esconderte entre clases en este parque es que es fácil que otros fugitivos como tú te encuentren...

—Ya ves.

—¿Puedo?

No.

Eso es lo que quiero responder, pero vuelvo a contener mis ansias de sinceridad y pienso que quizá baste con un silencio. Si Iván es hábil, lo interpretará bien y buscará otro banco. Si no, se sentará a mi lado y tendremos que iniciar una conversación que no me apetece comenzar. Para ayudarle a captar el mensaje, busco mi iPod en la mochila, decidida a cambiar sus posibles palabras por algo de música. El nuevo, sin embargo, no parece entender ni una sola de estas señales y, confundiendo mi silencio con un sí, se sienta a mi lado.

—No hablas mucho, ¿verdad?

Justo lo que más me apetece ahora mismo. Sesión de psicoanálisis. Como si no tuviera bastante con los interrogatorios familiares de cada día... Para esto, la verdad, preferiría estar subrayando y aburriéndome en clase. Subo la música y trato de ignorarlo con la ayuda, normalmente eficaz, de Vampire Weekend.

—Yo tampoco, no creas. O no con todo el mundo. No me interesan, ¿sabes?

¿Y yo sí? Pues nada, se ve que estoy de suerte... Tengo que ser yo la que interese al prepotente este. Y encima me lo cuenta.

—Te llamabas Abril, ¿verdad?

No le miro. No respondo. Ni siquiera asiento. Solo subo —aún más— el volumen. Suena «Walcott», una de esas canciones que normalmente sirven para ponerme de buen humor. *Walcott, don't you know that it's insane? Don't you wanna get out of Cape Cod?* Pero no. Me temo que hoy ni siquiera la música surte su habitual efecto.

—Tu nombre es especial. ¿Tiene alguna historia detrás?

Mi nombre... Mi maldito nombre... Finjo no haberlo oído y subo el volumen del iPod. El nuevo se sonríe. No sé por qué, pero sonríe, no parece sentirse incómodo por mi actitud. Ni siquiera se inmuta. Y su seguridad —esa mirada suya cargada de arrogancia— me hace sentir nerviosa. Es como si me volviera vulnerable, como si pudiera ver en mí mucho más de lo que yo quiero mostrar. Siento que, en cierto modo, podría leer qué se oculta debajo de ese nombre. Del mío. Y mientras intento concentrarme en la canción, vuelvo a sentir cómo se reproduce la imagen —el fuego, la huida, la sombra— que no deja de perseguirme.

Sin preguntar, Iván coge uno de mis auriculares y, justo en ese instante, la canción se interrumpe. Convencida de que he sido yo quien ha pulsado por error la tecla del *Pause*, vuelvo a presionar el *Play* y me sorprenden los acordes de un tema que no recuerdo haber escuchado antes.

—Me encanta Coldplay.

¿Coldplay? ¿Y estos qué hacen en mi iPod?

—Qué temazo.

Miro la pantalla y compruebo que es cierto: Coldplay —a quienes nunca he grabado en mi iPod— suenan ahora mismo a todo volumen. Iván se calla por

un segundo mientras susurra la letra de la canción. Apenas puedo escuchar su voz, pero noto en su mirada algo extraño —¿es tristeza lo que parece sustituir a su soberbia?— cada vez que llega el estribillo y se repite ese *I will try to fix you* que le obliga, no sé por qué, a bajar la mirada. Es evidente que piensa en alguien —prefiero no preguntar en quién— y que la canción ha abierto en su arrogancia una brecha de inseguridad que, de repente, lo humaniza. *Lights will guide you home*. Las luces te guiarán a casa. Hay algo en la letra y en la melodía que nos impregna y, sin saber por qué, siento que se crea un extraño vínculo de unos segundos entre ambos. Como si esas luces de las que habla la canción me guiaran hacia él y, al mismo tiempo, a un lugar lejano y desconocido donde todo tiene que ser mucho más sencillo que aquí. El temor de lo que podría suceder si me dejo llevar por esta sensación se enfrenta al deseo de que acabe ocurriendo.

—Me voy.

—¿Te pasa algo?

—No —miento: sí que me pasa, sí que nos está pasando algo, por eso huyo—, es solo que paso de perderme la siguiente clase.

—Como quieras. Yo me voy a quedar un rato más.

—Bien.

Camino esforzándome por no mirar atrás. No quiero que Iván se dé cuenta de que algo ha cambiado en este rato que hemos compartido juntos, así que finjo que tengo prisa por volver al insti. Cuando llego noto un intenso pinchazo y, de repente, la ligera molestia se convierte en una punzada persistente, en un aguijón que se clava en mis piernas y que me hace pensar en el fuego que, en mi obsesivo sueño, cruza una y otra vez la misma sombra. Corro al servicio y me encierro en él para poder quitarme los pantalones y ver qué me sucede exactamente. Frente al espejo del baño descubro, alarmada, la marca de una profunda quemadura de unos diez centímetros de longitud que (¿me estoy volviendo loca?) parece dibujar la silueta de un árbol. ¿Cómo te lo has hecho, Abril? ¿Cómo demonios...? Llevo mi mano al lugar donde debería estar la quemadura y, sin embargo, en la piel no hay rastro alguno de la imagen que sí se aprecia con claridad en mi reflejo.

Perplejidad.

Desconcierto.

Confusión absoluta.

El timbre de la siguiente clase me obliga a ponerme rápidamente los vaqueros y salgo corriendo hacia el aula. En mi cabeza surgen un sinfín de preguntas mientras en mis piernas se mantiene la quemazón (¿qué me está pasando?) que solo parecía existir al otro lado del espejo.

Ohtonqui

Enseguida supo qué iba a suceder. Xalaquia intuía con claridad cuáles serían las palabras de su padre.

—Ha llegado el momento.

Y, en lugar de bajar la cabeza, ella alzó la mirada y la fijó en él. Sin violencia. Sin ira. Tan solo lo miró en un acto de honestidad y de temeraria transparencia. Aquí estoy, aquí me ves, parecía decirle. Y extendió los brazos hacia su padre en señal de una entrega que en verdad sentía, pero que no creía que debiera confundirse con la sumisión que pretendían de ella.

—He elegido quién ha de ser tu destino.

¿Eso se podía decidir? Xalaquia se mordió los labios para no interrumpirle. Estaba segura de lo que iba a decirle y hasta de lo que iba a hacer, pero prefería esperar a que acabara aquel discurso en el que pretendían anegar los caminos del resto de su vida. Nadie, salvo ella, sabía que su destino ya estaba fijado y no tenía, en absoluto, nombre de varón. Tenía su propio nombre. Xalaquia. Porque estaba decidida a hacer de la magia su oficio, interpretando —tal y como había demostrado que podía hacerlo— los signos que habitan ocultos en la naturaleza.

—Se trata de Tezcatl, joven de linaje noble y adecuado para tu futuro y nuestra familia.

No se le preguntaría su opinión. No se tendrían en cuenta sus sentimientos. ¿Para qué? Solo era una mujer... Una mujer en un mundo de hombres. Una adolescente en un mundo de adultos. Pero eso iba a cambiar. Porque no iba a convertirse en la sombra de aquel con quien pretendían casarla. Solo su nombre, «Espejo» en náhuatl, ya era sinónimo de la sumisión que esperaban de ella: ¿Tezcatl debía ser para ella alguien en quien mirarse y a quien imitar? ¿Eso era lo que le destinaba el futuro? ¿Vivir como el simple reflejo de un hombre? Jamás. Xalaquia se mordió la lengua para no decir lo que realmente pensaba, agachó la cabeza y bajó la mirada, porque supo —en cuanto su padre pronunció el nombre de su prometido— que la rebelión debía ser silenciosa. Astuta. Si se enfrentaba a Ohtonqui con violencia, solo conseguiría extremar la vigilancia sobre ella. Se encargaría su hermano. O cualquiera de los lacayos que atendían las órdenes de su padre.

Era mucho mejor actuar con cautela. Fingió y ni siquiera se molestó en plantear un tímido listado de posibles exigencias para contraer aquel matrimonio. Tan pronto como se quedó sola comenzó a planear la estrategia desde la que conseguiría su libertad. Contaba con la magia como aliada —siempre que sus conjuros no se volvieran contra ella— y sabía que le iba a ser necesaria en un futuro inmediato. «No lo ven. Ni siquiera lo imaginan», se repetía, pero en sus sueños se sucedían las imágenes que avisaban de la necesidad de buscar soluciones a cuanto estaba a punto de ocurrir. Por eso se había grabado en ella la imagen de aquel joven guerrero capaz de sobrevivir a la rueda mortal. Porque sabía que, mientras su padre se preocupaba de casarla con alguien a quien ella apenas conocía, su pueblo precisaba la ayuda de hombres tan valiosos como aquel indómito guerrero tlaxcalteca que, lo supiera o no, le debía a ella la vida.

Una deuda que, cuando llegara el momento oportuno, Xalaquia sabría cobrarse.

4

—¿Estás bien? (Mi madre)

—Sí. (Yo)

—¿Necesitas algo? (Mi madre)

—No. (Yo)

—¿No necesitas nada? (Mi madre)

—No. (Yo)

—¿Seguro que estás bien? (Mi madre)

—Sí. (Yo)

—Avísame si necesitas algo. (Mi madre)

Silencio. (Yo)

Mi madre cierra la puerta de mi cuarto y calculo que solo quedan unos minutos para que se repita la misma escena, solo que esta vez vía móvil y con mi padre como coprotagonista masculino.

Intento concentrarme en el examen de Francés de mañana cuando suena —no me equivocaba— el primer *whatsapp*.

¿Estás bien? (Mi padre)

Sí. (Yo)

¿Necesitas algo? (Mi padre)

No. (Yo)

¿No necesitas nada? (Mi padre)

No. (Yo)

¿Seguro que estás bien? (Mi padre)

Sí. (Yo)

Avísame si necesitas algo. (Mi padre)

Silencio. (Yo)

A veces me gustaría que los dos entendieran que el silencio no es malo. Ni bueno. Ni todo lo contrario... El silencio es solo silencio. Nada más. Y lo necesito en días como hoy. Porque no acabo de sentirme bien. Ni mal. Porque en tardes así prefiero dejar que suene una y otra vez la misma canción, como si no existiera otra posibilidad que quedarse encerrada en sus versos. En su melodía. La de hoy es «Black Balloon», de The Kills. Me gusta perderme en su estribillo, en esa repetición continua que tiene algo de mi propia obsesión. *On the edge of a dream that you have. Has anybody ever told you it's not coming true?* Hasta hace un año no había dudado de que los sueños siempre acababan siendo realidad. Hasta que algo llega y te los rompe. *It's not coming true...* Entonces los sueños ya no vuelven al sitio en el que estaban. No se pueden pegar los pedazos. El espejo se rompe y no vuelve a ser espejo nunca más.

He intentado escribir algo en mi blog. Pero no me sale nada que merezca la pena. Hay días en que las palabras se tropiezan, así, sin más. Días en que no fluyen los verbos. Quizá porque no tengo nada que contar... O porque para hacerlo tendría que hablar de zonas de mí que ahora mismo no me apetece desnudar. Eso es lo malo de esta vocación estúpida de la escritura, que exige ejercicios de sinceridad que duelen demasiado. Porque no se puede escribir desde la mentira. Ni desde la hipocresía... O sí. Sí que se puede. Se puede usar una máscara y que todo lo que salga suene falso. Ridículo. Pero eso no es literatura. Ni siquiera cuando se publica. Eso no tiene nada que ver con los libros que a mí me gusta leer. Ni con los que aspiro a escribir. Ni con los que nos pasamos Marina, Nico y yo.

Somos tres raros, dice mi madre, porque no entiende que nos dé por leernos una novela de Françoise Sagan, o de Albert Camus, o de Marguerite Duras. Y lo mismo piensan la mayoría de nuestros compañeros, que están convencidos de que solo vamos de culturetas para llamar la atención. Pero nosotros tres sabemos que no es una pose, que nos apasiona dar saltos en el tiempo con cada uno de esos libros. Y en parte, claro, la culpa ha sido de César, que además de martirizarnos con la gramática francesa nos ha contagiado en clase su pasión por esa literatura. Y por ese cine. Aún recuerdo cuando nos habló del reestreno de *Los cuatrocientos golpes* en los Verdi. Por supuesto, nosotros tres fuimos los únicos que seguimos su consejo y, bueno, no sé si la película de Truffaut me emocionó tanto como esperaba, pero sí sé que me gustaba estar allí. Será que ellos tienen razón, que somos raros. Pero estoy convencida de que la única realidad que merece la pena es la que se dibuja desde la diferencia. La identidad que no se disfraza bajo máscaras y miedos como los que Nico ve en Hugo. Como los que yo intuí en Raúl. Estoy segura de que ellos dos son de los que prefieren no salirse de lo normal. Qué mierda de palabra. Normal. Como si alguien lo fuera. Como si la normalidad tuviera nada que ver con nada. Por eso nosotros estamos decididos a no serlo nunca y a emplear a fondo nuestros cutresuperpoderes para ser y vivir como nos dé la gana. Nosotros hemos decidido ser eternos, aunque ellos no lo sepan, porque si se lo dijésemos nos responderían que no es normal. Y no, claro que no lo es. Pero me da lo mismo. Así de fácil. No pienso vivir para ser lo que los demás quieren que sea.

@Marina_GS te ha retuiteado

¿Y qué he colgado que merezca la pena compartir...? Ah, sí, la cita esa de Balzac. «En la venganza, el más débil es siempre más feroz». A Marina le encantan las frases lapidarias... No sé por qué me ha dado por tuitearla, porque tampoco el tema de la venganza es algo que me obsesione mucho. No tengo grandes motivos para ello. Tengo vacíos. Ausencias. Y muchas dudas, eso sí. Pero ¿venganza? No. Supongo que simplemente me ha hecho gracia. De todos modos, tampoco mi lista de seguidores en Twitter da para mucho, la verdad. Apenas ciento veinticuatro sumando a todos los de primero de Bachillerato de mi instituto. No me preocupa. Con que algunos de esos ciento veinticuatro me entiendan de vez en cuando, me conformo.

Nico y Marina lo intentan. Sí. Los dos lo intentan. Pero no lo consiguen... Nico está ahora mismo demasiado ocupado con sus propias movidas. Y a Marina la tiene bloqueada el tema de los tíos y el poco caso que dice que le hacen. Por eso no me comprenden. Por eso y porque yo tampoco termino de explicarme. No sé cómo contarles este choque entre los días de ahora y los días que han sido. Los días que hemos sido... Marina me acusa de inmadura —«Tus padres tienen derecho a rehacer su vida»— y Nico se limita a restarle importancia —«Tampoco es para tanto, Abril»—. Y no sé si lo es... Pero el día que mi padre decidió que se iba, a mí se me cayó una parte esencial de mi mundo.

Con mi madre no ha sido nunca igual, jamás nos hemos entendido del todo. Sin embargo, con él... Me enteré apenas un par de días antes de aquel 3 de septiembre en el que se largó para no volver ya. Solo un par de días porque los dos se esforzaron en ocultarlo todo y no tuvieron el valor de hablarlo ni de tratarme como a una adulta. Que ya, que no lo era, pero podría haber intentado serlo si me hubieran dado la oportunidad, si no me hubiera encontrado —así, sin más— con las maletas en medio del pasillo. Tuve que asimilarlo todo demasiado deprisa —las broncas, la separación, la custodia, la marcha y, maldita sea, también París— y hacerme a la idea de que la persona que mejor me comprende estaba a punto de irse. De alejarse... Un avión que despegaba hace poco más de un año. Un 3 de septiembre en el que supe que iba a tener que aceptar que, como ellos lo habían estropeado todo, a mí me tocaba afrontar los pedazos que dejaba su espejo roto. Hay fechas que son una mierda... Por eso no se olvidan.

@Marina_GS y 147.568 más te han retuiteado

Miro con incredulidad la pantalla de mi ordenador. F5. F5. F5. Pulso la tecla mágica y actualizo tres veces para asegurarme de que lo que estoy leyendo es verdad: mi tuit con la frase de Balzac sobre la venganza ha conseguido casi ciento cincuenta mil retuits en solo diez minutos. Las cuentas no me salen y el porqué, tampoco. ¿Tan interesante es lo que he escrito? Tan solo era una cita literaria ingeniosa. Así de simple. Nada del otro mundo. Nada que no haya compartido mil veces antes...

Cierro la pantalla y apago mi ordenador, en un acto puramente instintivo. De repente, me siento vigilada. Y observada. Empiezo a estar segura de que hay alguien que juega conmigo y manipula mi realidad para que pierda el control. Pero eso no va a suceder.

¿O sí?

Zeltzin

—¿Estás segura de lo que dices, Zeltzin?

—No se habla de otra cosa... Hace días que llegaron a la costa. Cuentan que son iguales a dioses. Que la noche del Gran Fuego fue el anuncio de su venida...

Un rayo. Un gigantesco rayo que no parecía provenir de ningún sitio. Y, de repente, el Templo Mayor ardía en llamas... Un fuego que los habitantes de la majestuosa Tenochtitlan se apresuraron a detener. ¿Cómo era posible que...? Aquella luz incendiaria que había caído semanas atrás no vino seguida del trueno. Ni del consuelo de la lluvia. Solo hubo un cielo enrojecido del que había de salir la llama de la cólera. Los expertos en presagios no dudaron en su interpretación del prodigio: su dios Quetzalcóatl estaba a punto de regresar. Aquello no había sido más que el primer anuncio de la venida que el mismo dios había vaticinado. Pronto, eso le dijeron a Moctezuma, se sucederían muchos prodigios más... Grullas que aparecían en las redes de los pescadores, animales monstruosos de dos y hasta tres cabezas que nadie podía explicar, visiones que se reflejaban en el agua de los lagos y cambiaban de forma en función de quién estuviera ante ella... ¿Y si sus expertos tenían razón? El emperador hizo suyas aquellas teorías y la ciudad comenzó a dividirse entre la fe y el miedo.

—¿Quién los ha visto?

—¿No me crees, Xalaquia?

—Claro que te creo. Pero algo me dice que quienes vienen no tienen nada que ver con nuestros dioses...

—Avanzan hacia aquí.

—En ese caso, deberíamos prepararnos.

—¿Nosotras?

—¿Quién si no?

—No es nuestra labor. A nosotras nos corresponde...

—¿El qué? ¿Casarnos?

—¿Es cierto lo de Tezcatl?

Era cierto... Si Zeltzin lo sabía, probablemente todo el mundo conociera ya la noticia de su compromiso. Quizá su padre lo hubiera hecho oficial incluso antes de consultarlo con ella, asumiendo que poco —en realidad, nada— importaba su opinión. Xalaquia se sintió furiosa.

—Lo es.

—Te envidio... Es el mejor de todos nuestros hombres. Con permiso de Izel, por supuesto.

¿Y qué si lo era? Nada le importaba eso a ella. ¿En qué consistía ser «el mejor de los hombres»? ¿Acaso alguien se había planteado que quizá ella misma soñase con ser, por méritos propios, «la mejor de las mujeres»? No iba a dejar que la enterrasen en arena, que la cubriesen con el polvo del tiempo, que la obligasen a enmudecer para someterse a un hombre al que obedecer el resto de sus días. Ella no iba a ser como su madre. Ni como las mujeres que la precedieron. Ella iba a ser quien su voz le dictase. Así de sencillo.

—¿No vas a contarme nada?

—¿Sobre qué?

—Sobre Tezcatl.

—Aún no he hablado con él.

—Pero sí lo has visto...

—¿Qué más has oído sobre esos extranjeros, Zeltzin?

—¿Tanto te preocupan?

—Lo que me sorprende es que no te preocupen a ti...

—Nuestros hombres se encargarán de eso. Tenemos sacerdotes que rezarán por nosotras. Y guerreros que nos defenderán si es preciso.

No podía soportarlo más. Las palabras de Zeltzin consagraban todo lo que, en ese instante, más odiaba Xalaquia. ¿Dejar el destino en manos ajenas? No se podía confiar la propia suerte a lo que hicieran los demás. No cuando su intuición le decía que su mundo amenazaba con quebrarse de un momento a otro... ¿Y si solo estaba buscando excusas para justificar su rechazo al compromiso con Tezcatl? Xalaquia dudó de sí misma y, por un momento, se vio como una niña caprichosa que se refugia en prodigios y futuras desgracias para no asumir su responsabilidad... No, no y mil veces no. No era capricho: era necesidad. Era la voluntad de existir la que le impedía doblegarse. Aunque su padre no la entendiera. Aunque su amiga Zeltzin tampoco pudiera comprenderla. Aunque se sintiese sola y extraña en un lugar donde solo encontraba sus raíces si ahondaba en la tierra y se dejaba arropar por las sombras de los árboles.

Ella no iba a permitir que su suerte dependiese de los demás. Eso jamás.

5

Raúl está escribiendo...

En línea.

Escribiendo...

En línea.

Ha sido cosa de Nico. No ha parado hasta que le he dicho que sí, que de acuerdo, que me diera su móvil. Y no sé para qué... Según Nico, me hace falta algo que me distraiga, porque —palabras textuales— «me estoy volviendo muy Jane Austen». Puede ser, no sé, la verdad es que este no está siendo mi mejor momento. Los quince empezaron torcidos y los dieciséis tampoco parece que vayan a mejor. Me pesa la situación en casa. Los silencios de mi madre, que sigue encerrada en su depresión desde que mi padre hizo las maletas. Los remordimientos de mi padre, que intenta limpiar su culpa conmigo, ya sea en uno de los viajes relámpago en los que me abruma con sus ganas de quedar bien o en una de las charlas por el Skype que tenemos todas las semanas. Pero no es suficiente. Y él lo sabe.

Lo de París dice que fue por un tema laboral, que le hicieron una buena oferta en el museo y que, lógicamente, no se podía negar. Supongo que quiere convencerme de que no se marchó porque Elsa viviera allí. Tampoco sé si fue Elsa la causa de que todo se estropeara, porque luego rompieron pronto, casi enseguida. Quizá Elsa solo sirvió para consumar una crisis que ya existía. No sé. Supongo que no eran felices. Además, el tema laboral tampoco ayudaba demasiado. Mi padre llevaba ya un par de años buscándose la vida con trabajos puntuales. Desde que le dieron la patada en el Antropológico por culpa de los recortes, estuvo vagando de galería en galería y de exposición en exposición mientras mi madre le daba la brasa con lo que se supone que sí debía hacer. Que si hay más opciones, que si con mi sueldo solo no nos llega, que si por qué no pruebas con la enseñanza, que si estoy harta de ti y tus malditos sueños de investigador... Pero yo no. Yo no estaba harta de compartir las ilusiones de alguien que sí cree en lo que hace. Porque mi padre tiene el entusiasmo que yo espero encontrar algún día cuando sepa qué me apetece hacer con mi vida. Por eso me dolía verle así, dando tumbos sin dirección. Aguantando a mi madre. Y a mi abuelo, que no entendía que su hijo se hubiera convertido en un vago. ¡Con una hija a su cargo! Las cenas familiares eran una catástrofe, todas —sin excepción—, y sentía que, de algún modo, solo yo lo entendía. Así que cuando me dijo que se iba a París a trabajar en el Museo du Quai Branly, se supone que yo debía comprenderlo. Y animarlo. Esperaba que le diera un abrazo y le dijera que me alegraba mucho de que se fuese allí de comisario de exposiciones, de que por fin hubiera alguien que se hubiera dado cuenta de su valía —y de su currículo— y le hubiera ofrecido un puesto a su altura.

Sí, se supone que yo tenía que haberle dicho todo eso... Y lo habría hecho si me hubiera llevado con él. Si no hubiera preferido su sueño —el suyo, a solas— a nuestra convivencia. Si no me sintiera tan secundaria en una vida de la que sí que me habría gustado formar parte... «Es una gran oportunidad, Abril». Eso me dijo. Y me habló del museo como si yo le estuviera prestando atención. Me describió sus colecciones, sus salas dedicadas a Oceanía, a Asia, a África y a América. Me habló de culturas orientales y de mitos aztecas, de historias que no tenían nada que ver entre sí y que mi padre vomitaba en un acto de puro nerviosismo. Un monólogo que era resultado de la culpa que, lo sé, sentía en ese instante. La culpa por no ser capaz de acabar su discurso antropológico con un sencillo «vente conmigo». Un «vámonos» que era todo lo que yo esperaba oír.

Por eso no le dije que me alegraba. Porque sentí rencor. Y soledad. Sentí que me quedaba sola con mi madre, una mujer que nunca ha sido capaz de entenderme, que vive encerrada en sí misma victimizándose tras el divorcio y a quien, por esa misma pasividad, tampoco entiendo yo. Su mundo laboral —la banca— me interesa cero, y me da que a ella mi mundo creativo le importa lo mismo. Con mi padre sí podía hablar de música. Y de libros. Y de películas. Con mi madre lo mejor que puede pasar es que tenga el capítulo nuevo de alguna serie con la que atronarnos cuando cenamos juntas para no escucharnos demasiado.

Aburrida?

Bravo, Raúl. Cinco minutos tecleando para escribir... ¿esto?

No

No sé qué esperaba, la verdad, pero como primer *whatsapp* no se puede decir que este chico se lo haya currado mucho.

Raúl está escribiendo...

En línea.

Escribiendo...

¿Cuánto tiempo le llevará esta vez?

Un cine?

Voy a responder cuando me doy cuenta de que estoy en otra ventana de chat. El de la película es Iván, otro que tampoco parece tener medios demasiado sutiles para entablar un diálogo.

Cuál?

Me resulta más fácil responderle a él que contestarle a Raúl. Y eso que recuerdo que besa bien, que hasta me apetece que nos enrollemos de nuevo... Pero hay algo en Iván que quiero descubrir, aunque su arrogancia me agote por momentos. Por no hablar de su obsesión con las matemáticas y su don para apabullarnos a todos en clase. Ya hemos tenido un par de reuniones de nuestro trabajo para Francés y, gracias a él, han terminado todas siendo un desastre. Nunca está de acuerdo con nada y tiene una capacidad asombrosa para proponer temas que provoquen discordia. Un don alucinante, la verdad.

Cualquiera.

Pereza. Me da mucha pereza tener que tomar siempre la iniciativa. Decidir si quedamos. Elegir la película. Pensar si quiero que pase algo más o no antes, durante o después de verla. Y claro, saber si luego voy a contárselo a Nico y a Marina o si seré más discreta y me lo guardaré para mí. No quiero que hagan ningún comentario. Ni que opinen. Marina está un poco suspicaz con este tema y dice cosas que me molestan. Que si no sé quién es una guarra porque ha estado con tres de nuestro curso, o que si no sé cuántos es una zorra porque se lo pone fácil a todos los tíos. Me jode. Y se lo he dicho. Le he soltado un discurso que no sé si ha escuchado y le he pedido que haga el favor de pensar sobre toda la mierda machista que hay debajo de sus palabras. Pero ella no lo ve. Ella está harta de que no le hagan caso y por eso yo he optado por minimizar mis historias. Ahora mismo creo que eso es lo mejor para las dos.

Hacemos algo?

Bien. El otro regresa... A Raúl cada mensaje le lleva media vida, porque se ve que las neuronas no le dan para más. O quizá es mejor en el contexto oral. Besando, desde luego, es de sobresaliente... No sé qué decirle. Ni al del cine ni al del «algo». El cine, por lo menos, es una propuesta más concreta. Pero Iván parece que promete una tarde turbia —es el adjetivo que mejor define su actitud— y Raúl es garantía de un rato mucho menos ambiguo.

Estás?

Iván se impacienta. Eso me gusta. El matemático soberbio y seguro de sí mismo tiene prisa por saber mi respuesta. No debe de estar acostumbrado a recibir un no, por eso escribe de modo tan conciso. Tan cortante. Ahora se estará arrepintiendo de haberme enviado el primer mensaje. ¿Y si digo que no? Sería divertido probar... Ver su reacción. Pero en el fondo el plan cinéfilo con él me apetece más que el «algo» con el otro.

Venga, dónde nos vemos?

No hay plan pero sí cita. Raúl se ha contestado a sí mismo y da por hecho que voy a ir. Eso me enerva. Me molesta que decidan por mí.

No tengo todo el día, eh?

Insiste. No me gusta su tono. Hay algo en Raúl que... No. Ahora lo tengo claro. No me va su rollo.

Hoy no puedo.

Tú te lo pierdes.

Pues sí, yo me lo pierdo. Eso seguro.

Abril, puedes hablar?

Qué bien, ya estamos todos. Nueva ventana de chat: Marina.

Ahora?

Sí. Podemos vernos?

¿En serio? Justo ahora cuando estaba a punto de decirle que sí a Iván. Necesito salir de esta casa y divertirme con alguien con quien pueda compartir algo que me interese de verdad. Algo que, a ser posible, no sea yo misma... Algo que no tiene nada que ver con la charla que propone Marina, que me sé de memoria y que —seguro— va de algún chico que le ha dicho que no, o que le ha dicho que no sabe, o que no le ha dicho nada porque ella —que se ha creído el mito ese de los cuentos de hadas— sigue esperando que llegue un príncipe azul que la rescate.

Hoy no.

Tienes planes?

No le puedo decir lo de Iván. Y menos aún que he tenido que elegir entre un cine con él y un rollo seguro con Raúl. Sería peor... Tampoco me sirve Nico como excusa, porque diría que se apunta y se viene con nosotros. A fin de cuentas, es lo que hacemos siempre.

Voy al cine.

Vamos juntas?

Voy con mi madre.

Miento mal. Miento muy mal. Miento fatal. Marina sabe que mi madre es la última persona con la que pasaría un viernes por la noche. Y menos aún, en el cine. Sí, lo sabe. Por mucho que yo ahora le mande un par de mensajes diciéndole que estoy intentando acercarme a ella, o que mi madre quiere que mejoremos la comunicación, o cualquier otra mentira de esas que se llaman piadosas pero que son una putada exactamente igual que las mentiras de verdad.

Ya.

No se lo ha creído. Claro. Es evidente. Y pienso que para mejorarlo lo que tengo que hacer es darle algo. Una opción. Eso es. Así que me esfuerzo por encontrar una idea hasta que surge. Un plan estúpido, sí, pero que quizá sirva.

En serio?

Claro.

Le ha sorprendido. Mucho. Sigue pensando que me gusta y por eso no se espera que le diga que puedo pasarle el teléfono de Raúl. Sé que a ella le llamó la atención y me consta que él no tiene planes esta noche. Si Marina sabe llevar bien la conversación, pasará algo. Y si no, solo será otra frustración más que sumar a la conversación pendiente que hoy acabo de aplazarle.

Tú sí que eres una amiga de verdad, Abril.

Pongo un emoticono de esos que sonríen para darle las gracias justo antes de enviarle el móvil de Raúl. Mientras lo hago, tengo la sensación de que estoy cometiendo un error del que me voy a arrepentir más adelante, pero no soy capaz de frenarme y me despido de Marina mientras le propongo a Iván vernos dentro de media hora.

Perfecto.

Cuando voy a vestirme, al mirarme en el espejo descubro que los pantalones que iba a ponerme hoy están completamente desgarrados. Arañados y marcados de arriba abajo con algo que parece sangre sobre ellos. Los dejo caer sobre la cama y me pregunto quién puede haber sido el autor de esa broma macabra. En un intento de negar la realidad, aplico mi cutresuperpoder y me esfuerzo por obviar lo que está sucediendo para refugiarme en lo que quiero que ocurra. Que la tarde con Iván vaya bien. Que la noche prometa. Que la vida suceda... Pero lejos de serenarme, mi cabeza se llena de voces y de sangre. Y veo cómo alguien es degollado en presencia de una tercera persona, una mujer que grita un nombre. No distingo cuál. No entiendo por qué sigo soñando despierta, imaginando vidas que no conozco.

Pero tan pronto como me inclino a recoger de nuevo mis pantalones descubro que todo ha sido una simple alucinación. Ni un solo rasguño... Así que me los pongo y justo cuando le estoy enviando a Iván un mensaje para decirle que salgo ya, me llega otro de mi emisor anónimo y desconocido. Esta vez es una palabra que ni siquiera entiendo:

Tezcatl.

Ocelotl

Le costó despertarse. Le dolían los brazos y pronto descubrió algunas cicatrices del pasado combate en las piernas y en el costado. Tenía los muslos completamente arañados y cubiertos de sangre reseca a causa de las cuchilladas recibidas en la rueda giratoria.

—Pero estoy vivo... Sigo vivo —se repetía. Y lo dijo en voz alta para asegurarse de que podía oír su propia voz.

Recordaba la piedra. La lucha. La interrupción del sacerdote. Y, de repente, su memoria se convertía en pregunta y sus certezas en ignorancia. ¿Qué había sucedido después? ¿Cómo había llegado hasta ese sitio? En su sueño se había visto galopar a lomos de un jaguar que, raudo y valeroso, lo había llevado hasta allí. De ser así, no quedaba rastro alguno del animal, aunque sí vio las pisadas que había dejado a su paso. Pisadas que terminaban... justo en él. Bajo el mismo árbol donde había recobrado la conciencia. ¿Y después? ¿Cómo era posible que se hubiera perdido por completo su rastro?

Nahui se concentró y buscó la verdad en su sueño, tal y como le había enseñado a hacerlo la venerable Yohualli, la mujer más sabia que conocía y a quien todos en Tlaxcala pedían consejo cuando habían de afrontar una decisión importante. En sus palabras, como en su nombre, «Noche», se ocultaban verdades y profecías que solo era capaz de descubrir quien oía y miraba con paciencia.

—Recuerda, vamos, recuerda...

Cerró los ojos y se vio a sí mismo, una vez más, atado en la rueda giratoria. Escuchó la voz del sacerdote que le proponía unirse a sus tropas a cambio de recuperar la libertad. Se oyó rehusando semejante traición. Y después, un trueno. Y un rayo que partía en dos la soga que lo ataba a la rueda. Y una lluvia que mojaba su cuerpo y transformaba, gota a gota, cada uno de sus miembros. Piel que cambia su color, manos que se convierten en garras, brazos y piernas que pierden su naturaleza humana mientras sus labios se vuelven fauces y su mirada se oculta tras los ojos certeros del jaguar.

Por eso las huellas acababan junto a él. Porque nada que no fuera su cuerpo había pisado aquel lugar. Su cuerpo en forma de hombre, hoy. Su cuerpo en forma animal, instantes atrás. La metamorfosis no le sorprendía tanto como su oportuna ejecución. Bien le había enseñado la venerable Yohualli que pasado y presente están estrechamente atados según la voluntad de los dioses, en un círculo donde todo cuanto acaba siempre vuelve a empezar.

—Los malinalli nos rodean, mi hijo. Pero no es fácil encontrarlos... —le había explicado Yohualli.

—¿Los malinalli?

—Todos saben que existen... Pero muy pocos conocen las palabras que permiten abrir sus puertas. Son lugares en los que nuestro mundo se conecta con el de los dioses, espacios en los que todo ha sucedido y desde los que podemos volver a vivir lo ya vivido o contemplar lo que aún creemos que vamos a vivir...

—Entonces, ¿no hay mañana?

—El mañana, Nahui, es solo una forma de hoy. Un ahora que no conocemos y que por eso llamamos de otra forma... La realidad solo es una parte de cuanto vemos, mi hijo. La magia es lo que realmente importa... La magia es todo lo demás.

Se decía que los malinalli se hallaban en arroyos, en cuevas, en árboles. No sabía si Yohualli estaría en lo cierto, pero sí sabía que acababa de vivir algo que era incapaz de explicar, una transformación que acababa de concederle una nueva vida. Se dispuso a regresar a Tlaxcala, a abrazar a su familia y a aprovechar cada segundo de ese presente que se presentaba ante él como un regalo inesperado.

Una vida en la que, desde ese instante, renunciaba a Nahui, su antiguo nombre, para asumir, el de Ocelotl, «Jaguar», en recuerdo del prodigio que lo había salvado.

6

Amarga.

Hacía tiempo que una película no me dejaba una sensación tan extraña como esta.

—¿Te ha gustado?

Sí, claro. No es eso. Es solo que... Hay algo en los actores. En el guion. Hay algo de tristeza pegajosa que se extiende desde las primeras imágenes y que hoy, precisamente, me ha llegado con mucha fuerza. Puede que yo esté sensible o que hayamos escogido mal entre las posibles reposiciones que había esta semana en los Verdi.

—*El apartamento* es una de mis favoritas. La he visto unas diez veces.

Y me lo creo, porque me he dado cuenta de que Iván, en algunas escenas, movía los labios y reproducía —palabra por palabra— el texto de Jack Lemmon. Me he enamorado de él, de Jack, quiero decir, y me ha impresionado la mirada de Iván que, en cierto modo, daba la sensación de estar viendo algo que no era solo una película.

—Esperaba una comedia.

—Es una comedia, Abril.

—Una comedia triste.

—La vida también.

—¿Qué?

—La vida también es una comedia triste.

Nos vamos a un burguer y él empieza a hablarme de Billy Wilder, de cine clásico americano y de un sinfín de cosas que, ahora mismo, no me interesan demasiado. Tengo la sensación de que se ha propuesto apabullarme con sus referencias —¿es su forma de seducirme?— y no va a parar hasta que agote el discurso que trae consigo. Me pregunto si seremos los únicos que prefieren las reposiciones a los estrenos y me esfuerzo por centrarme en el diálogo mientras mi cutresuperpoder hace de las suyas. Así que me evado de sus disertaciones —¿de qué película se supone que está hablando ahora?— y aterrizo de nuevo en mis propias ensoñaciones, en ese lugar donde hay alguien que grita, otro alguien que cae y un charco de sangre que se agranda por momentos.

Tezcatl.

Recuerdo la palabra del último *whatsapp* y la tecleo en mi móvil. Lo hago igual que en clase, intentando que Iván no se dé cuenta. Por suerte, él está entusiasmado con su monólogo —ahora ha empezado con Hitchcock: ¿cómo habrá llegado hasta él?— y eso me permite seguir buscando. Espero a que Google arroje los primeros resultados y, con la excusa —siempre práctica— de ir al baño, me levanto ansiosa por leer qué ha aparecido en la pantalla de mi móvil.

Un sinfín de datos que me conducen, en todos los casos, a una fuente similar: un listado de nombres ¿aztecas? con sus correspondientes significados en español. El del *whatsapp*, el que me ha tocado en suerte, significa «espejo». Eso es todo lo que obtengo. Y cuando lo descubro, no puedo evitar reírme. ¿Un nombre azteca? Pero ¿esto de qué va? Me hace gracia que algo tan alejado de mí y de lo que apenas sé nada se cruce en mi vida. Definitivamente, tiene que ser una broma. Tonta, sí, pero una

broma. Me lavo las manos, me refresco la cara con agua y, al elevarla, descubro en el espejo que hay una pequeña cicatriz sobre mi ceja izquierda. Es casi imperceptible, pero veo cómo deja caer una rotunda gota de sangre sobre el lavabo. Me toco al tiempo que me pregunto en qué momento me he golpeado o cortado y no solo soy incapaz de recordarlo, sino que tampoco encuentro rastro alguno de la herida ni de la sangre que sí acabo de ver en el cristal.

¿Cómo es posible que me haya sucedido ya en tres ocasiones —primero la quemadura, luego los pantalones desgarrados y ahora esto— y no sea capaz de explicar ninguna de ellas? ¿Tan metida en mi mundo estoy que ahora también me invento el dolor? A lo mejor es una enfermedad extraña. A lo mejor mi cutresuperpoder está haciéndose tan fuerte en mí que ya no solo me evado de lo que me dicen los demás, sino que invento una identidad que vive lo que creo estar viviendo yo. Sí, a lo mejor es eso, una enajenación momentánea. Una siniestra forma de locura que siempre tiene lugar ante un espejo, como si fuera otra versión de mí misma quien sufriera esas heridas que no dejan marcas en mi cuerpo y sí en el suyo... Un escalofrío me recorre al caer en la cuenta de una macabra coincidencia: ¿*Tezcatl* no significaba precisamente eso, *espejo*? Pero espejo ¿de qué? ¿O de quién?

Hago un esfuerzo por serenarme y salgo del baño, pero cuando vuelvo a la mesa, Iván ya no está. En su lugar, solo hay un mensaje escrito en una de las servilletas.

Lo siento. No me encuentro bien.

Finjo que no me afecta, aunque siento que acaban de dejarme plantada y me arrepiento de haber preferido la sesión de cine a enrollarme con Raúl. Me da rabia y me trago el orgullo sin entender muy bien por qué demonios se ha largado de esa manera. ¿A quién está evitando? ¿A mí? Pero si la idea del cine ha sido suya... Debería pedirle explicaciones, pero estoy tan cabreada y tan harta de las rarezas de todo el mundo que ni siquiera lo voy a hacer. Suena un *whatsapp* e imagino que, después del numerito de la servilleta, tiene que ser Iván.

Genial con Raúl... Gracias, tía. Mañana te cuento.

Pues me alegro, Marina.

Menos mal que a una de las dos hoy sí le ha ido bien.

Xalaquia

—Quizá debamos prepararnos para lo peor.

—¿Eso creéis, padre?

Izel y Ohtonqui se callaron en cuanto entró Xalaquia. Interrumpieron bruscamente la conversación con la intención de no alarmarla.

—¿A qué os referíais?

—A nada que sea de tu incumbencia —le respondió su hermano con brusquedad.

—Todo lo que suceda en nuestro pueblo es de mi incumbencia.

Su seguridad desubicó por completo a los dos hombres allí presentes, pues no esperaban que aquella joven reaccionase con tanta altanería.

—Harías mejor en ocuparte de tus asuntos. Y de tu prometido.

Las palabras de Izel se clavaron en ella y sintió cómo abrían una pequeña herida que, si no lo remediaba, acabaría haciéndose tan grande como para devorarla. Una llaga que horadaba su piel y que amenazaba con deshacer su identidad hasta convertirla en una simple sombra de sí misma. Pero no lo permitiría. Y menos ahora. Menos cuando —sí, eso había oído— solo se podía esperar lo peor.

Cansada de pedir respuestas que nadie le daba, decidió caminar por la ciudad para buscarlas por sí misma. En los corros de hombres distinguía palabras contradictorias y todos bajaban la voz cuando sentían que alguien fijaba su atención en ellos. Por eso Xalaquia recurrió a Tlaloc, el dios de la lluvia, deseosa de probar el conjuro que hacía visibles los pensamientos que los demás le negaban. No estaba segura de su eficacia y, después de la muerte de aquellos dos guerreros, se sentía insegura empleando sus artes mágicas. Sin embargo, si lo peor —así lo había dicho su padre— se aproximaba, era necesario asumir los hechos desde el coraje. No desde el miedo. «Valor, he de tener valor...». Y pronunció para sí las palabras con las que pretendía romper el silencio y verbalizar la amenaza que se cernía sobre su gente.

Agua que fluyes y caminas,
que rompes con tu paso la tierra dando vida,
que rompes con tu fuerza la vida abriendo cielos.
Agua de ríos, de lluvias y tormentas,
agua que habitas en mí y en mis plegarias,
rompe el silencio y haz que la verdad se refleje en ti,
que corra contigo,
que venga, de la mano de Tlaloc, hasta mí.

Solo tuvo que esperar unos segundos a que el cielo se abriese en una lluvia en principio apenas perceptible y, progresivamente, cada vez más intensa. Tenaz. Obcecada en su caída y en su labor. Arrastrando consigo las palabras que antes caían en el silencio y llevándolas en forma de riachuelos hasta el cobertizo bajo el que se había refugiado Xalaquia. Y así, gota a gota, se compuso una melodía de voces disonantes que hablaban de la llegada de los extranjeros hasta Tlaxcala. Que se preguntaban cuánto tardarían en atravesar la distancia —cada vez más escasa— que los separaba de Tenochtitlan. Que dudaban que aquellos hombres fueran la reencarnación de Quetzalcóatl, como en un primer momento había creído el mismísimo Moctezuma. La lluvia llevó hasta Xalaquia el miedo y la incertidumbre de toda la ciudad, un temor que se agravaba ante la presencia de esos seres desconocidos en tierras tlaxcaltecas. ¿Y si el odio y el rencor entre sus pueblos se convertía en motivo de una inesperada alianza?

Tlaloc no la había abandonado. Sin embargo, no podía dejar de sentir rabia ante la necedad de quienes la rodeaban. ¿Cómo era posible que tuviese que pedir la ayuda de los mismísimos dioses para conseguir escuchar? ¿Por qué la condenaban al silencio? Ahora que sabía la verdad, podía hacer algo.

Debía hacerlo.

7

—Abril, te ha llamado *ese*.

—¿Hace mucho?

—No.

Ese, desde hace un año, es mi padre. A mi madre le cuesta decir su nombre y ha decidido que con el pronombre es más que suficiente... A mí me fastidia que lo llame así, aunque *ese* también se lo merezca un poco por lo que pasó y, sobre todo, por lo que hizo luego. Puedo entender lo de Elsa. Pero marcharse y dejarme aquí... Solo por eso ya se habría ganado el demostrativo.

—¿Puedes hablar?

—Claro. Estoy conectado.

Se suponía que la distancia no iba a ser un problema porque tenemos Skype. Y WhatsApp. Y Facebook. E Instagram. Tenemos mil formas de llamarnos y hasta de vernos, pero la distancia —digan lo que digan— sí que existe. Ahora, por ejemplo, no sé si me apetece contarle a través de la pantalla lo que me pasa. No sé si va a entender que ayer estuve con alguien y que ese alguien me dejó tirada sin una explicación. Tampoco sé si eso es algo que debiera compartir con mi padre. Aunque antes sí que lo hacía, porque es de las pocas personas que nunca me ha juzgado... Mi madre, no. Mi madre debe de tener un medidor especial para hijas que yo desconozco y que le hace recordarme cada cierto tiempo lo lejos que estoy de su chica ideal. No sé bien cuáles son las características de esa hija perfecta que ella aspira a tener, pero lo que sí es obvio es que yo no cumplo (casi) ninguna de ellas.

—¿Cómo va todo?

Ya estamos con los pronombres... Otro más. *Todo.* Como si se pudiera responder a algo así. ¿Todo? ¿Y ese *todo* qué es? A ver, papá, dime cuánto tiempo tenemos y yo te digo qué parte de ese todo te puedo contar... Bah, olvídalo, estoy cabreada. Mucho. Pero no es contigo. No. Es solo que a ratos no entiendo nada. O que no escojo bien. No sé por qué me fastidia tanto que Iván se largase cuando está claro que es un tío con el que no quiero tener nada que ver... (¿Está claro? ¿De verdad lo está?). Me rayo, papá, me rayo muchísimo porque no sé lo que quiero y, cuando creo saberlo, se me escapa. Esa podría ser una parte del *todo.* Supongo. Y hay más... ¿Cuál te cuento?

—Eres tú, ¿verdad?

Es lo mejor, sí. Cambiar el tema y llevar la conversación a otro terreno más sencillo. Para qué hablar de mí cuando, al fin, ya sé quién es el que está detrás del juego de los mensajes que aparecen en mi móvil. Tiene que ser mi padre, que es el único de mi entorno con un mínimo conocimiento del mundo precolombino como para teclearme un nombre así... ¿Cómo era? Aquí está: Tezcatl.

Sí, solo puede haber sido él. Estará organizando alguna exposición sobre cultura azteca en su museo y le ha dado por ponerse a jugar conmigo como si fuera un crío. Esa es la única explicación medio sensata que se me ocurre para el maldito *whatsapp*.

—¿Soy yo quién?

—Ya sabes...

—No, Abril, no sé. ¿De qué me estás hablando?

No me puedo creer que me lo vaya a poner tan difícil. ¿Tan importante es esta broma para él? ¿Tantas ganas tiene de tomarme el pelo como para fingir que no me entiende? O quizá no es eso, quizá piensa que jugar a cosas como esta nos une más, que borra —otra vez esa odiosa palabra— la distancia. Pero no es cierto. Jugar no arregla nada. Y esta mierda del Skype, que hoy va fatal —¿por qué me falla tanto la conexión?—, tampoco.

—¿Tengo que darte una pista?

—Por favor.

Está claro que se va a hacer el duro. Ha decidido tratarme como si fuera una niña y se mantiene firme en su supuesta ignorancia. No lo entiendo. De verdad que no. Como si no hubiera cuestiones más serias de las que preocuparse... En fin, si quiere jugar, juguemos.

—Vale. Ahí va.

—Di.

—México.

No sé qué he dicho, pero mi padre enmudece de repente. Dudo si eso también forma parte del juego o si, por algún motivo que se me escapa, he dicho algo inconveniente. Tampoco es tan terrible que le haya pillado in fraganti... ¿O pensaba alargar su broma durante mucho tiempo más?

—¿Cómo lo sabes?

—No ha sido difícil.

—¿Te lo ha dicho *ella*?

Si mi padre se ha convertido en *ese*, mi madre se ha convertido en *ella*. El entretenimiento pronominal resulta fascinante, sobre todo por sus esfuerzos mutuos para no decir jamás el nombre de la persona a quien aluden. Luego, eso sí, a mí me acusan de inmadura, claro, porque su madurez —en situaciones como esta— es de lo más palpable.

—No ha hecho falta. Lo he deducido yo solita.

—¿Y?

—¿Y qué?

—¿Que cómo te sientes?

¿Cómo me siento? O yo estoy muy cansada o las preguntas de mi padre no tienen sentido. Me ha intrigado, sí. Y hasta hubo un momento en que me dio algo de miedo que ocurrieran cosas extrañas a mi alrededor. Está claro que lo del fuego y lo de la herida del otro día no lo puedo explicar, pero tampoco me extrañaría que no hubieran sido más que simples alucinaciones. Cuando mi cutresuperpoder se descontrola puede dar lugar a situaciones como esas, pues esa capacidad mía de estar sin estar en mil sitios a la vez hace que a menudo no sea consciente de lo que sucede a mi alrededor... Pero al menos ahora sé que ha sido él quien ha jugado con la tecnología. Mandando mensajes, dejando canciones sorpresa grabadas en mi iPod (¿aunque desde cuándo le gusta a mi padre Coldplay?) y haciendo tonterías adolescentes con las que imagino que pretendía crear algún tipo de lazo emocional que a mí, sinceramente, se me escapa.

—Normal. No sé.

—¿Lo has hablado con *ella*?

¿Con mi madre? ¿Para qué? ¿Qué le digo? Que mi padre, perdón, que *ese* me ha estado enviando mensajes crípticos para gastarme una especie de —¿cómo llamarlo?— «broma azteca»... Por si no tenía motivos suficientes para odiarlo, le doy otro más. Hasta me imagino su discurso: que si *ese* es un infantil, que si es un inmaduro, que si por eso hizo lo que hizo y la engañó con quien la engañó... Porque el salto del tema *ese* al tema *esa* —es decir, Elsa— suele ser, desde hace un año, casi inmediato en esta casa. Sí, genial. Le puedo contar la broma a mi madre y hacer que estalle su ira para amenizarnos la velada. Sobre todo si la ira estoy dispuesta a tragármela yo.

—No.

—No pensaba que fueras a enterarte así...

—¿Seguro? Porque tu último mensaje era una pista muy evidente.

—¿Mi último qué?

—Ya sabes. Ese de... Espera, te lo enseño, que no sé cómo se lee.

Pongo mi móvil frente a la cámara y le muestro el *whatsapp* con el nombre en náhuatl.

—¿Que tú no...?

¿Y entonces de qué hemos estado hablando hasta ahora?

—Venga, papá, déjate ya de juegos.

—¿Qué juegos, Abril?

—¿Y lo de México?

Otra vez, el silencio. Mi padre baja la cabeza y siento que todo cuanto está experimentando ahora mismo traspasa, de algún modo, la pantalla. A pesar de la frialdad del monitor y del portátil y de la *webcam* hay una densidad emocional que llega hasta mí y que me hace darme cuenta de que no está mintiendo. No es él quien juega a desconcertarme con mensajes sobre fuegos y raíces. No es él quien escribe nombres de personajes aztecas sacados de alguna de las exposiciones de su museo. No es él, eso está claro. Pero lo que ahora ya no lo está tanto es por qué la mención a México lo ha desubicado de esa forma.

—¿Y entonces? ¿A qué te referías, papá?

—No es algo que debamos hablar ahora... Ni así.

—¿A qué te refieres?

—Déjalo, Abril, hazme caso. Cuando vengas en diciembre con tu clase, nos vemos, me preguntas y yo prometo responderte.

—¿Responderme a qué?

—No le des más vueltas. Es mejor dejar las cosas como están. Anda, cuéntame qué tal se presenta tu semana...

Aplico sin grandes esfuerzos el cutresuperpoder y le

hago un resumen rápido de cuanto me espera estos siete días sin poner ningún entusiasmo en el relato. Mientras finjo contestar su pregunta, me dedico a atar cabos... Y de repente, no me parece que sea muy difícil.

Tiene que tratarse de algo lo bastante importante como para que mi padre haya reaccionado de ese modo. Algo que quiere —eso dice— explicarme en persona. Algo que, además, comparte con mi madre (porque lo primero que ha hecho ha sido preguntarme por *ella*). *Ese* y *ella* ocultan algo, y la palabra *México* lo ha puesto sobre la mesa. O mejor aún, en la pantalla. Otro maldito espejo... Tiene gracia, ha sido ese Tezcatl el culpable de todo. Un cristal que ahora me devuelve una imagen con la que no contaba y que, estoy casi segura, es la causa de que mi padre siga mirándome con una mezcla de estupor y culpabilidad. Estupor porque ha creído que había averiguado su secreto, y culpabilidad porque sabe que me lo tenían —*ese* o *ella,* qué más da— que haber contado mucho antes.

Mientras me despido suena el móvil con un *whatsapp* de Iván, que desde ayer no ha dado señales de vida. Confieso que corro a mirarlo —mi curiosidad es muy superior a mi orgullo— y me encuentro con un escueto «Tenemos que hablar», que no me ayuda gran cosa a entender lo sucedido. Mi padre se despide y yo apago el ordenador convencida de que me espera una larga charla con mi madre. Hay mucho de que hablar aunque, ahora mismo, no tenga muy claro cómo hacerlo.

Yohualli

—Tú me crees, ¿verdad, Yohualli?

—Claro que sí, mi hijo.

Desde su regreso a Tlaxcala solo había sentido dudas y desconfianza por parte de todos hacia él y su historia. Nadie creía que aquel relato de su conversión en jaguar pudiera ser cierto y aceptaron llamarlo Ocelotl con sorna, en un acto que tenía más de burla que de comprensión.

—Ni siquiera mi familia... No, tampoco ellos.

Sus padres y sus tres hermanos se sentían abochornados por su vuelta. Su cuarto hijo, el más pequeño, retornaba deshonrado y convertido —posiblemente— en un traidor. ¿Cómo era posible, si no, que Nahui estuviera allí de nuevo? ¿Que hubiera escapado al implacable sacrificio de la rueda mortal? Se negaron a utilizar su nuevo nombre y siguieron llamándolo Nahui, «el Cuarto», convencidos de que aquel capricho de llamarse a sí mismo Ocelotl solo servía para avivar en su pueblo la memoria de la deshonra.

—No hice nada. Jamás cedí... Yohualli, tú me conoces y sabes que yo...

—En otros tiempos ellos también habrían creído en tu palabra. Y en la magia... En tiempos menos oscuros que estos.

Era cierto. Su pueblo se había teñido del rencor hacia Tenochtitlan, por quienes se sentían usados como un simple campo de entrenamiento en el que las tropas aztecas afilaban sus armas. Un rencor al que recientemente habían sumado el miedo hacia los extranjeros, que ya habían llegado como la serpiente que repta hasta su territorio. Tras una escaramuza inicial, las tropas tlaxcaltecas habían acordado una alianza de paz con aquellos hombres en los que Ocelotl solo identificaba expresiones de ambición y codicia.

—Entonces, ¿es cierto? —le había preguntado a su padre esa misma mañana—. ¿Una alianza? ¿Entre ellos y nosotros?

Necucyaotl había movido la cabeza en un gesto de rotunda afirmación.

—Es un error. Un gravísimo error.

Pero su padre se había limitado a recordarle que no era quién para aconsejar nada. No en ese momento en el que su palabra se tenía por la de un traidor que había vendido a los suyos con tal de escapar con vida. ¿Qué les habría contado? ¿Acaso habría contraído alguna deuda con Moctezuma que debería saldar en el futuro? Daba igual lo que Ocelotl respondiera, su milagrosa liberación resultaba inverosímil para todos y su palabra, por tanto, había quedado desprestigiada en un pueblo que deseaba zafarse, de una vez por todas, del yugo de la pujante Tenochtitlan.

—Háblales, Yohualli, diles que se equivocan.

—Necesitan ver... Las palabras no sirven ahora.

—¿Ver el horror?

—Eso me temo... Han de suceder muchas cosas, mi hijo. Solo la sexta noche te devolverá al tiempo al que de verdad perteneces.

No siguió preguntando. Las palabras de la anciana eran tan oscuras como los tiempos que se avecinaban. De eso estaba seguro. Un horror de proporciones desconocidas, tan insólitas como las armas que portaban aquellos soldados, o como su actitud arrogante y soberbia frente a quienes les habían acogido en sus casas. ¿Por qué debían ser hospitalarios los tlaxcaltecas con hombres que no parecían tener interés alguno en conocer otra forma de vida? Viniesen de donde viniesen estaban cegados por su ansia de conquista y solo parecían prestar atención cuando se mencionaban las riquezas que se podían encontrar en la región. Aliarse con ellos era pactar con la misma muerte, hacerse cómplice de la sombra que acabaría devorando la luz.

Pero nadie, tampoco su padre —el sabio Necucyaotl— le oyó. Ahora no tenían motivos para hacerlo: ya no era más que el guerrero que había huido de la muerte a cambio de su dignidad. Alguien que había deshonrado la memoria del gran Tlahuicole, sacrificado por haber defendido la lealtad hacia los suyos hasta su último aliento. Una deshonra como esa no merecía respeto alguno, así que cubrieron sus palabras con silencio y su presencia con frialdad.

Arrinconado, Ocelotl se dio cuenta de que —bajo el yugo de los prejuicios— debería forjarse un nuevo destino. Y su futuro estaba ligado al de su pueblo. Ese que, sin ser consciente de ello, había comenzado a caminar hacia su destrucción.

8

No te puedo creer, Iván. Lo siento. Intento hacerlo, de verdad. Y me gustaría darte la oportunidad de explicarte, pero todo en ti me parece que es una gigantesca máscara.

Te haces el interesante, te acercas, te alejas, te vuelves a acercar y hasta consigues arrancarme un sí que después tiraste a la basura con esa huida absurda que todavía no entiendo.

A Marina le va mucho mejor, ¿sabes? Incluso ha vuelto a repetir con Raúl después de que yo le diera su número... Porque fui yo, sí, fui yo quien le puso a ese tío que besa tan bien en bandeja. No sé si besar bien es un gran mérito, pero al menos es algo, que te besen bien es mucho mejor que acabar sola porque el tío que está contigo dice que se va corriendo a no sé dónde. Que no se encuentra bien. O, unas horas después y por mensaje —claro—, que lo siente.

Si no fuera por Marina, hasta habría llamado a Raúl. Solo por fastidiar. Me habría enrollado con cualquier tío esa misma noche, ¿sabes? Pero no había nadie más que me gustase en mi agenda. Qué idiota. Creí que contigo podía ser diferente. Que quizá sería divertido conocernos. Probar suerte. Ya ves para qué... Por eso llevo ya casi un mes evitándote en clase y limitándome a que hablemos y nos veamos solo lo justo. Hay que adelantar el trabajo de Francés si queremos tenerlo a tiempo. Nada más. Pero no quiero que te molestes en disculparte. Porque sé de qué vas. En serio. Me sé tu rollo de interesante, o de intenso, o de *hipster,* demasiado bien. Con tus gafas de pasta, tus libros de Física cuántica (¿de verdad entiendes algo de todo eso?) y tu carita de intelectual que está de vuelta. ¿De vuelta de qué? Si con dieciséis años ya estás así, no te quiero imaginar a los treinta. El cinismo no es sano, ¿sabes? Un poco sí, claro, pero en su justa medida. Y a ti de eso te sobra. Por eso crees que haciendo un poco de teatro voy a ir corriendo a comer de tu mano. A decirte que entiendo que tengas complejo de estrella y a convertirme en una más de tus seguidoras.

A Marina, en cierto modo, sí que la creo capaz de algo así... No me gusta dar consejos, pero tampoco tengo muy claro que el rollo que lleva con Raúl sea muy sano. Que me parece bien que se vean a todas horas —porque se ven a todas horas—, y que queden todos los viernes —y todos los sábados y todos los domingos—, y que se coman la boca o se acuesten o hagan lo que les apetezca. Todo eso sí, claro. Todo lo que sea estar juntos y conocerse. Disfrutarse también. Disfrutarse siempre me ha parecido bien. Pero enredarse y comprometerse es otra cosa. Eso requiere tiempo. Yo no creo que ella tenga que estar tan pendiente de él. Ni presumir de que él esté tan encima de ella... Solo han sido unas semanas y parece que fueran dos años. No le puedo decir nada, porque Marina es muy sensible con este tema y no lo entendería, pero no tengo muy claro que sea el modo. Hay otras formas. Ni dejar tirada a la chica a mitad de la noche, ni casarte a los cinco minutos de conocerte. El término medio debe de estar bien, ¿no te parece, Iván? Sí, debe de estar genial.

Mañana nos vemos para seguir con el trabajo de Francés, claro. César insiste en que si no lo presentamos a tiempo, no habrá viaje. Y yo no pienso quedarme sin París. Así que nos vemos, sí. Pero no antes. No me apetece quedar contigo a solas, ni que me cuentes... No quiero escuchar nada porque tengo la cabeza a punto de explotar y no hay demasiado hueco para historias ajenas. Me preocupa la mía, ¿sabes? Mi propia historia. Porque mientras tú me dejabas tirada, mi padre me daba motivos para comerme la cabeza con una hipótesis que todavía no me he atrevido a verbalizar. Una idea que, si se cumple, lo cambia todo... Ellos me dirán que no. Insistirán en que, incluso si es verdad, no cambia nada, porque eso es lo que en estos casos te dice todo el mundo. Pero yo sé que sí. Que hay cosas que cambian. Que hay palabras que te cambian del todo.

¿Recuerdas aquellos mensajes? Te hablé de ellos, creo. *Raíz. Arena. Fuego.* Si mi hipótesis se cumple, en mi caso cambiaría el significado de las tres palabras. Cambiaría la raíz. Y la arena en la que se hunde. Y hasta el fuego que finalmente la devora. Todo sería distinto, si mi tesis es cierta. ¿Y a qué espero? A sentarme con mi madre para que lo hablemos juntas. O incluso a que *ella* y yo mantengamos una videoconferencia con *ese*. Mi padre en la pantalla del ordenador y mi madre conmigo en el salón. No es la situación ideal, claro, pero es que la situación ideal no existe nunca. Esa es de las pocas cosas que se aprenden cuando maduras. Por eso, Iván, lo de madurar siempre es una mierda.

Nico sí cree que debería hablar contigo. Pero Nico es demasiado bueno. Como sus padres, dos ingenuos que cuando le dejan solo en casa no tienen ni idea de las fiestas que se monta su hijo. O quizá sí. Lo mismo sí que lo saben pero les da igual. Son majos, la verdad, una suerte de padres. Y Nico es como ellos. Además, también le pierden los tíos guapos. Y tú lo eres. Con los tíos guapos no es objetivo nunca... Por eso a mí me dice que te dé otra oportunidad. Y por eso a él le gusta quien le gusta. Y mira que le he dicho que pase de Hugo, que no hay nada que hacer. Pero Nico lleva así desde el curso pasado, empeñado en conseguir algo que no va a ocurrir... Ya sé que contigo ha intimado estos días, que os habéis entendido. Tienes ese don, supongo, el don de hacer que los demás creamos que te interesas por nosotros cuando es todo mentira. Nico antes no le había contado lo suyo a nadie más que a Marina y a mí, así que está encantado con tenerte de confidente. Dice que eres discreto. No sé. Si Nico lo dice, puede que sí lo seas. Eso no lo discuto.

Y no, no insistas más en explicarme algo que ya ha pasado. Porque si quieres justificarte, es porque te salió mal tu plan B, porque había otra tía —esa que te hizo salir corriendo de mi lado— con la que después no te ha ido bien. Seguro que tú también tuviste tu Elsa, ¿verdad? Sois todos iguales...

Además, ¿sabes qué? La vida es demasiado corta como para comerme la cabeza contigo, Iván. Así de fácil.

Tiene gracia:

No quiero hablar contigo.

No voy a hablar contigo.

No pienso hablar contigo.

Pero ahora mismo, en la soledad de esta noche y de este cuarto, soy completamente incapaz de dejar de hacerlo.

Xalaquia

El sueño se repitió tres noches seguidas.

La primera vez, Xalaquia solo acertó a recordar los gritos de alguien que, según le pareció, era ofrecido en sacrificio ritual a sus dioses.

La segunda vez pudo reconstruir el instante en que, tras ser juzgado por su pueblo, la víctima recorría el camino que lo separaba de la pira funeraria donde habría de entregar su propia vida.

La tercera y última fue capaz de identificar la mirada de quien era condenado, por segunda vez, a morir en público, y se estremeció al reconocer en él al mismo joven a quien había salvado con su magia tiempo atrás.

¿Qué era lo que los ataba a ambos? Xalaquia se sentía turbada por la presencia en su vida de aquel desconocido justo en el momento en que su gente se jugaba, sin siquiera saberlo, todo su futuro. ¿Qué intentaban decirle los dioses con tantas coincidencias? ¿Con tantos sueños?

No hay casualidades. De ningún tipo. Ese había sido siempre su lema, desde niña, desde que oyó por primera vez a uno de los sacerdotes del Templo Mayor hablar con su padre de los malinalli. Aquellos lugares que comunicaban la dimensión de los dioses con la de los hombres, ocultos para quien no supiera buscarlos, eran el espacio en el que se encerraban las claves del ciclo de creación y destrucción en que consiste la vida. Nada más que nacer para morir y volver a nacer, en la forma que sea. Esa era la esencia de la magia. Y de la existencia. Solo hacía falta encontrar el modo en el que todo se conectaba para poder intervenir en eso que otros llamaban destino y que para Xalaquia no era más que la confluencia de voluntades que los hombres no siempre se atrevían a controlar.

Ser dueños de nuestra propia vida... Ese era su único sueño. El verdadero objetivo que perseguía tras cada conjuro. Tras cada acercamiento a esa naturaleza en la que encontraba la mejor parte de sí misma. Cuanto más cerca se sintiera de cuanto la rodeaba, más libre sería. Más desvinculada de ataduras superficiales, de limitaciones que solo los hombres construían y que nada tenían que ver con la libertad que constituía la identidad. Esa que solo se recuperaba entre los árboles, junto a los arroyos, bajo las estrellas o cerca del agua sobre la que se edificaba Tenochtitlan.

Todo cuanto sucedía en la naturaleza formaba parte de una misma melodía. Una partitura en la que era preciso saber escuchar para captar la esencia de la música y no perder el ritmo. Eso, y nada más que eso, era la esencia de sus conjuros: traducciones verbales de los sonidos que la rodeaban. Y todo, incluso los sueños, formaba parte de los instrumentos con los que la realidad se dirigía a ella.

Nada era accesorio. Nada insignificante. Solo hay signos que sabemos interpretar y signos cuyo sentido verdadero ignoramos. Pero nada es trivial. Ni azaroso. Así lo creía Xalaquia y así entendió, por vez primera, el origen de su obsesión con aquel joven guerrero tlaxcalteca al que había salvado la vida. Comprendió cuál era el motivo por el que seguía apareciendo en sus sueños y la razón de que, en los momentos más imprevistos, volviese a ella su rostro y su mirada...

¿Y si ambos estaban en peligro? O, más aún, ¿qué pasaría si el futuro de su ciudad se hallaba vinculado con el de aquel guerrero del que ni siquiera sabía su nombre? Él era la respuesta. La llave que necesitaba para adelantarse al abismo que estaba a punto de abrirse entre sus dos mundos.

La idea la obsesionaba y le impidió conciliar el sueño durante las noches siguientes. Ni siquiera fue capaz de compartir sus temores con Zeltzin; cómo iba a decirle algo así, la tomaría por loca... Y se esforzó por disimular sus visiones —sus fantasmas— mientras pensaba cómo debía reaccionar ante ellas. Desconcertada y sin saber a quién recurrir, probó suerte con sus conjuros. Si los hombres no sabían entender sus preguntas, quizá las fuerzas de la naturaleza sí supieran ofrecerle respuestas.

De noche, mientras su familia dormía, Xalaquia se levantó con sigilo dispuesta a pedir ayuda al mismísimo Xiuhtecuhtli, el señor del fuego. Encendió una hoguera y buscó las palabras con las que pedirle al dios que le mostrase, en las sombras que dibujaban las llamas, el camino que había de tomar en la encrucijada en que se hallaba. ¿Debía buscar a aquel hombre a quien había salvado la vida o era preciso que se quedara junto a los suyos en lo que parecía ser un momento crucial en su historia? Guardó silencio y escuchó arder las hojas secas con las que había prendido el fuego. Cerró los ojos hasta que se sintió capaz de traducir aquel sonido en las palabras que habrían de desvelarle su significado:

Creces, te extiendes, te abres y rompes en mil voces
susurros de este mar de luz que se alza frente a mí,
hablas y acaricias la verdad con tu ritmo,
río de llamas y voces en esta noche extraña,
música enrojecida y que quema mi piel,
música del hoy y del mañana,
dame los nombres de la verdad que abrasa,
de la palabra que nos devolverá a la vida.

El fuego crepitaba con fuerza. Las llamas se sucedían ante su mirada con arrogancia, con la intensidad de quien se sabe inmortal mientras *es,* mientras se alimenta de esa energía que, cuando se apague, acabará por volverse otro espejismo más. Igual que nuestras vidas, se lamentó Xalaquia, al ver cómo el fuego empezaba a debilitarse y dejar de sí solo cenizas.

Sin embargo, justo cuando estaba a punto de abandonar el lugar decepcionada por el silencio de Xiuhtecuhtli, la hoguera volvió a cobrar fuerza y las llamas se dividieron inesperadamente en cuatro grupos como si tuvieran vida propia. El fuego dibujó así, ante los asombrados ojos de Xalaquia, cuatro siluetas con formas y cuerpos reconocibles.

Su hermano Izel.

Su amiga Zeltzin.

El guerrero desconocido.

Y ella misma.

Cuatro imágenes que corrían enlazadas por el fuego y que compartían —Xiuhtecuhtli había hablado— un único destino.

9

Sigo caminando mientras me coges de la mano.

No puedo ver tu rostro, solo sé que tiras de mí mientras nos sumergimos en las aguas de un río que amenaza con devorarnos. El agua se embravece y golpea nuestros cuerpos mientras tú continúas guiándome hacia un lugar que desconozco. No se ve nada aquí, nada que no sea el cielo que se funde con el azul de un río donde intento alcanzar una orilla que apenas intuyo. Me agarro a ti con fuerza y siento que, de repente, soy yo la que evita que te arrastre consigo la corriente. Entiendo al fin que tu mano no es la que me lleva sino la que yo guío hacia ese lugar que desconozco.

Estamos a punto de alcanzarlo. Siento que pisamos al fin la orilla cuando un ejército de aves se eleva por encima de nuestras cabezas. Rasgan el horizonte con su vuelo y se tornan en colores dorados y cobrizos, como si el sol las atrajese hacia sí y les robase su plumaje original.

Los cantos de las aves se vuelven gritos y sus plumas se encienden en un fuego que abrasa el firmamento y nos devuelve una lluvia de pavesas. Atrapados bajo un cielo que se incendia nos abrazamos conscientes de que, vayamos donde vayamos, jamás conseguiremos escapar.

Se ha repetido tres noches seguidas.

El mismo río.

La misma mano.

Y las mismas aves que se vuelven fuego.

No sé qué significa. Ni siquiera soy capaz de identificar la silueta que me acompaña. Pero recuerdo cada escena del sueño con nitidez. Como si hubiera estado allí. Bajo ese incendio... Como si fuera real. Y justo ahora que en mi vida nada parece serlo, casi se agradece esa sensación aunque venga de algo tan extraño como una pesadilla.

La conversación con mi madre no ha ayudado.

Y la charla de la orientadora, tampoco.

He ido a su despacho porque mi padre se empeñó en ello después de que, anoche, tuviéramos una bronca por Skype.

Que por qué no me lo habéis dicho antes.

Que si os pensáis que soy gilipollas.

Que si creéis que es justo que haya tardado dieciséis años en saber quién soy.

Por eso he ido a ver a la orientadora, porque se supone que tengo que entender que no ha cambiado nada y eso, ahora mismo, soy incapaz de verlo.

Con ella he fingido, claro. He aplicado mi técnica habitual y me he evadido hasta el río que aparecía en mi sueño mientras le contaba una serie de estudiadas mentiras. Que ya estoy más tranquila. Que lo entiendo. Que sé que mis padres me quieren igual y que no voy a hacer un mundo de todo esto. La orientadora, que tampoco es imbécil, me ha creído solo a medias y me ha pedido que vuelva cualquier otro día de esta semana. Pero ya no lo haré. Puede que hablar con ella sea la kriptonita que anula mi cutresuperpoder, así que no pienso arriesgarme a ser sincera en su despacho, no vaya a ser que se quede con toda la rabia que ahora mismo necesito sentir.

Y no, saber la verdad no cambia nada. Solo cambia que vengo de otro lugar y de otra gente. Que al parecer me adoptaron cuando tenía dos años y pico por una circunstancia que, para colmo, no fue precisamente voluntaria.

—No encontramos el momento para hablarlo. Ni sabíamos cómo enfocarlo. Primero porque eras muy pequeña. Y luego… Luego nuestro matrimonio empezó a ir mal y no estábamos seguros de ser capaces de abordar ese tema sin que, al final, nos hiciéramos todos demasiado daño.

Debe de ser jodido. Seguro. Encontrar el momento para ser honestos. Para tratar a la persona que vive en tu casa como a una adulta. Como a un ser racional. Tan simple como eso. Porque la persona que vive contigo tiene experiencias. Emociones. Hasta expectativas. La persona que vive en tu casa no puede madurar si le cambias la verdad por una sarta de mentiras. Y no, no son piadosas. Las mentiras piadosas no existen. Las mentiras son mentiras a secas. Y punto. Por eso no puedo entender que no encontraran el momento. Porque no hay momentos para la verdad. La verdad *es*. Tan solo eso. La verdad lo es siempre. Así de simple.

—No puedes juzgarnos de ese modo, Abril. Ponte en nuestro lugar.

Y lo hago. Por eso mismo no entiendo por qué ha tardado tanto en surgir esta conversación. Por qué nadie me habló de mis orígenes. La dichosa palabra de los mensajes... *Raíz*. Eso es. Raíz. Porque la mía se hunde en un lugar que desconozco y con el que jamás pensé que hubiera lazo alguno. Al final tiene gracia. Sí, mucha gracia. Ahora va a resultar que esos mensajes que tanto me desconciertan vienen de alguien que conoce mi vida y mis orígenes mucho mejor que yo.

—Abril, por favor...

Apagué la cámara. Cerré el Skype y me fui a la cama. No quería hablar con él. Ni hablar con mi madre. No quería hablar con nadie... Pero mi madre insiste y se sienta conmigo. Yo me tapo con la sábana para no verla. No quiero. ¿Tan difícil de entender es que necesito tiempo para asimilar todo esto? No me lo dan. Sus ganas de disculparse son mucho mayores que mi necesidad de silencio. No es preocupación por mí, qué va, es egoísmo: es su conciencia la que necesitan calmar. Por eso no quiero escucharlos. Porque si yo he podido esperar dieciséis años a saber la verdad de mi vida, ellos pueden esperar también a que les perdone por ocultármela.

—No podíamos decírtelo todo... Eras pequeña, Abril.

Quiere que le pregunte por qué. Pero yo no lo hago. No voy a ayudarle a que siga hablando. Tampoco hay modo de evitar que lo haga, aunque no será porque yo le dé pie. No. No se lo merece.

—Estábamos viviendo en D. F. Conseguí que la empresa me mandara durante unos años porque a tu padre le había salido una oferta interesante en el Antropológico... Y allí te conocimos.

Tengo la sensación de que está hablando de otra persona. Intento encajar sus palabras con mi vida pero no me reconozco en ellas. Yo no puedo ser ese alguien a quien ahora describe. Alguien ajeno a ellos y que ahora resulta que soy yo. Alguien a quien lo primero que le dijeron en su vida fue un no, un rechazo que me piden que asimile con naturalidad, porque (eso dicen) no importa que todo se vuelva estúpidamente casual, ni que estar aquí no sea más que el resultado de una serie de azares que mi madre ahora quiere explicarme y que yo no quiero escuchar. ¿Qué habría pasado si esas circunstancias no se hubieran producido? ¿Todo lo que soy ahora es fruto de un montón de ridículas coincidencias? ¿Todo se lo debo a haber tenido la suerte de que el no de mi nacimiento se convirtiera, después, en su sí? Me siento más vulnerable que nunca. Terriblemente frágil. Sin esa raíz que antes me anclaba a una vida que, vale, no era perfecta, pero era mía. Ahora siento que esta es la vida de una extraña. De alguien que, por casualidad, también está aquí. En mí.

—Fue Lupe, una compañera de tu padre. Llevaba tiempo metida en organizaciones contra la violencia y los malos tratos y a menudo nos contaba historias que nos dejaban destrozados... Ella fue quien nos habló de ti.

Tu padre y yo no estábamos buscando nada. En realidad, no nos lo habíamos planteado siquiera. Pero estaba esa niña, una cría de dos años que había vivido una situación insostenible en su casa y que Lupe había conseguido salvar de ese horror. A mí, no sé por qué, se me desató el instinto maternal. Dicen que es siempre así. Que te da una campanada cuando menos te lo esperas y te cambia la vida. A tu padre, la verdad, le pasó lo mismo. Se ve que el instinto no tiene sexo. No sé. El caso es que empezamos los trámites... Un horror. Sí. Y para eso no estábamos preparados. Para la burocracia. Las leyes. Los millones de obstáculos que íbamos a encontrarnos por el camino... Pero ahí ya no eras una historia, Abril. Ahí eras tú. Te habíamos visto ya... Tan pequeña. Tan sonriente. Tan especial... Y no íbamos a rendirnos después de conocerte... Pero luego, cuando vinimos aquí, nos dio miedo contártelo. En tu familia, nos contó Lupe, había mucha mezcla, así que tú saliste tal y como eres hoy, rubia, de ojos claros, casi nórdica o, por lo menos, sin un origen obvio. Eso nos daba mucha ventaja, porque podíamos elegir el cuándo. En qué momento te lo diríamos todo.

—¿Y por qué no lo hicisteis?

—Porque no sabíamos cómo íbamos a reaccionar. No nos preocupaba tanto la historia de tu origen como la violencia que había en él... Ya ves que hoy no me he callado nada... Pero antes... No, antes no podía mirarte y decirte que estabas en manos de dos personas que... Bueno, prefiero no seguir.

—Habéis tenido tiempo...

—Pero se torció todo... *Ese* se encargó de ello. Y a mí, con la rabia que sentía por su historia con Elsa, me dio miedo contártelo mal y pagar contigo la ira que sentía por la nueva vida de él. Así de simple. No estaba preparada para hablar de algo como esto... Es más, hoy creo que sigo sin estarlo.

—Ya.

Pienso en decir un gracias. Pero solo soy capaz de esbozar ese *ya* que se me hace tan minúsculo como yo misma. Insignificante y diminuta, así me veo, tumbada en una cama que no es mía, porque de repente siento que nada de este yo es un yo real. Me han soltado la mano en ese río que me empeño en cruzar en mis sueños y ahora es el agua la que devora mi cuerpo, la que me arrastra al fondo. Es el agua la que me niega mi reflejo y me ofrece la mirada de alguien que no siento que sea realmente yo.

No cambia nada, decía mi orientadora. Y mientras le respondía que no —sintiendo que sí— he oído cómo entraba un nuevo mensaje en mi móvil. Anónimo y críptico, pero ambos rasgos empiezan a ser ya una costumbre... *Aves color de fuego.* Y la imagen me devuelve por un instante al sueño que se repite: ¿no es eso lo que veo antes de despertar?

Después, otro *whatsapp*. Solo que, esta vez, sí tiene remitente:

Déjame hablar contigo. Por favor.

No respondo. No sé si debo ni quiero hacerlo, así que no respondo.

Soy un tío muy paciente...

No puedo evitar sonreír, pero prefiero darme tiempo y pensarlo con calma. Quién sabe, a lo mejor, en esta vida de mentira en la que se ha convertido mi presente, no es tan grave que le conceda a Iván una segunda y última oportunidad.

Ocelotl

—Escóndete, mi hijo.

—Los guerreros no deshonran jamás su valor, Yohualli.

—Es tu vida la que está en juego.

—No hice nada que lo mereciera.

—Ellos no lo creen así. Los extranjeros los han cegado. El miedo viaja ahora a su lado y es un mal consejero. Solo puedes esperar dolor. Debes buscar refugio.

—Yo no sé huir, Yohualli. El peligro se afronta. Así me lo enseñaron. La vida sin coraje no es verdadera vida.

—Toma esto al menos. Es igual que el mío. Este brazalete te protegerá de quienes te han de buscar para matarte.

De nada habían servido los consejos de la anciana. Ahora, mientras esperaba su segura ejecución, Ocelotl se preguntaba si no debía haber hecho caso de sus advertencias. Ni siquiera se molestó en intentar desatar las cuerdas que lo oprimían. ¿Para qué? ¿Adónde podría dirigirse? Sus antiguos compañeros habían partido en una expedición acompañados por los extranjeros que, tras una primera escaramuza, habían acabado pactando con ellos. Ocelotl no confiaba en aquellos hombres que no habían dudado en usar las armas antes que las palabras y cuya tregua final le pareció más que esperanzadora, interesada. ¿Qué habían visto en su pueblo para ofrecerles una alianza?

El hombre a su cargo, un tal Cortés, le resultaba oscuro y enigmático. Había algo en su forma de comportarse que no le inspiraba confianza, pero sabía que nadie estaría dispuesto a escucharle. No a él. No al traidor que se había vendido al enemigo, a la mismísima Tenochtitlan, para salvar la vida. Por eso Ocelotl no se esforzó por desatarse, ni por escapar. Sentía que estaba haciendo lo correcto: huir habría supuesto darles la razón, decirles que era cierto que los había traicionado, renegar de su nombre y manchar, aún más, la reputación de su familia.

—Ya no eres Nahui. Ya no eres nada para mí.

Su padre le había vuelto la espalda la misma noche en que los suyos vinieron a apresarlo. Ni siquiera él albergaba ninguna duda sobre su culpabilidad, por eso Necuyaotl le dejó claro que había dejado ser «el Cuarto», el miembro más joven de una familia que prefería olvidar su existencia antes que pelear por conocer su verdad.

¿Tan mal lo conocían? ¿Tan poco sabían de su fuerza y de sus principios? No era Tlahuicole, nadie podía serlo, pero sí se había inspirado en su valentía y en su determinación. Todos los guerreros querían ser como él, gigantes en la memoria de su pueblo y temibles en la conciencia de sus enemigos. Y él, por un instante, había conseguido serlo. Más le habría valido morir, se repetía...

Aunque algo en su interior rechazaba esa idea. Siempre la vida. Siempre. Sí, incluso cuando estuviera tan anegada en dudas y en imposibles como la que se presentaba ante él ahora, custodiado por dos de aquellos extranjeros cuya lengua no entendía y en los que era incapaz de ver a esos aliados que su pueblo deseaba.

Los dos soldados mantuvieron una conversación ininteligible en la que el joven solo logró adivinar una palabra: *Cholula*. ¿Era allí donde se habían dirigido los suyos acompañados del ejército de Cortés? ¿Y con qué objetivo? Se lamentó de no poder comprender nada más de lo que decían y prefirió no provocar su ira haciéndoles preguntas que, a fin de cuentas, ellos tampoco iban a saber interpretar. ¿Qué estaban tramando? Poco importaba ya. Al amanecer sería ejecutado por traición, ni siquiera la protección del brazalete de Yohualli le había ayudado a evitarlo. El destino de su pueblo, fuese cual fuese, estaba fuera de sus manos. Y de su voluntad.

Uno de los guardias se sobresaltó al escuchar un ruido. Su compañero le hizo una señal para que saliera a ver de qué se trataba y Ocelotl se preguntó qué estaría sucediendo. A fin de cuentas, su padre era un hombre muy respetado y podía haber convencido a los suyos de que todo había sido un terrible y fatal malentendido. Quizá Necucyaotl hubiera conseguido imponer su voz e incluso convencer al caudillo de aquellos extranjeros a quien su pueblo agasajaba como si se tratara de un auténtico dios.

No le gustaba. Ni sus ínfulas. Ni su falsa cercanía. Ni la solemnidad que Cortés intentaba imponer a sus actos y donde solo se revelaba un origen que nada tenía que ver con esa supuesta divinidad de la que parecía querer revestirse. Su llegada había sido la causa de que se acelerase su ejecución, estaba seguro, y por ello le odiaba con tanta saña. A él, y a su acompañante: la joven Malitzin, encargada de traducir al náhuatl su incomprensible y extranjera lengua.

El tiempo pasaba y el segundo soldado no volvía, así que, intrigado por su tardanza, su compañero salió en su busca.

—Vámonos.

Una voz sin cuerpo parecía nacer a sus pies.

No había nadie ante él. ¿Estaba soñando? Solo una voz sin rostro que surgía de la tierra. Una voz de origen imposible que despertó de nuevo en él las ganas de escapar. ¿De verdad iba a acabar rindiéndose a sus enemigos? ¿No era esa la peor manera de morir: renegar de su propia identidad? Ocelotl hizo suya la voluntad de aquella extraña voz e intentó zafarse de las cuerdas que le ataban manos y pies. Sin embargo, sus esfuerzos resultaron inútiles. Los extranjeros habían tensado con fuerza las sogas, convencidos de que un guerrero de sus méritos y fortaleza necesitaba sólidas cadenas que le impidiesen cualquier resquicio de fuga. En su denodado intento por escapar solo consiguió agotarse y hacerse unas profundas hendiduras en piernas y brazos, al rasgarse la piel con la aspereza de las cuerdas, que comenzaron a teñirse de la sangre del guerrero.

—Vámonos —repitió la voz.

En ese mismo instante, las heridas en los brazos y en los muslos se cerraron. La sangre dejó de brotar y sintió cómo las cuerdas se aflojaban hasta deshacerse a sus pies. Convertidas en cenizas, dejaron su cuerpo en total libertad, permitiéndole una huida que, solo unos momentos antes, parecía imposible.

No había tiempo para pensar. Ni para preguntarse qué estaba sucediendo... Solo sabía que era la segunda vez que algo —¿alguien?— le salvaba la vida y supuso que si eso había ocurrido era porque su existencia sí tenía un porqué que la justificaba. Los dioses no podían estar dándole tantas esperanzas si no le reservaban una importante misión. O quizá no. Quizá solo se guardaban un momento de mayor crueldad con el que castigarle por sus insolencias.

Corrió... Corrió y apenas se fijó en los cuerpos carbonizados de los soldados que antes lo custodiaban. Ni siquiera tuvo tiempo para pensar en lo que estaba haciendo. En cómo iba a ser su vida de fugitivo. De —ahora sí: ya no había vuelta atrás— traidor que abandonaba a su pueblo y a su familia. Y mientras se alejaba, no podía siquiera imaginar que alguien lo aguardaba al final del camino.

10

De: ivan_nowadays@gmail.com

Para: abril13@yahoo.es

Asunto: Cinefobia

Has decidido ponérmelo difícil. Es evidente.

Y no es que no crea que tengas tu parte de razón... Pero tampoco estoy seguro de que sea para tanto.

Vale, sí, no estuvo bien. Aquella tarde me marché sin decir ni una palabra y supongo que tu orgullo (porque esto va de eso, ¿no?) se ha resentido.

Bueno, pues muy bien:

Lo siento.

¿Eso es lo que querías? ¿Un «lo siento»?

Léelo con atención un par de veces más si es necesario.

Venga, espero.

¿Ya?

¿Lo has leído?

¿Seguro? Te lo repito por si acaso:

Que lo siento.

Ahora deberías darme la oportunidad de explicarme.

¿O no?

Te puedo imaginar negando con la cabeza. Con ese gesto tuyo entre borde y soberbio que ya te he pillado un par de veces.

¿Ves como no se te puede decir nada? No te enfades, Abril.

Anda, sigue leyendo.

La culpa de lo que pasó el día del cine la tuve yo. Pues claro que la tuve yo. Pero no fue por marcharme como lo

hice, sino por haberme creído más fuerte de lo que soy eligiendo la película que elegí. ¿Te gustó? Sí, eso me dijiste. A mí me dijiste que *El apartamento* te gustó... Y yo creo que no me mientes. Aunque pienses que he sido un capullo. Sé que te lo he debido de parecer. Y sé también que voy a intentar convencerte de que no lo soy.

La primera vez que vi *El apartamento* fue con mi hermano. A Víctor le encantaba el cine clásico y, por algún extraño motivo, solía compartirlo conmigo. Yo era el pequeño (y con diferencia), pero siempre he sido bastante espabilado para mi edad, así que supongo que a mi hermano le gustaba ser algo así como mi maestro en el tema cinéfilo. Pasábamos una tarde a la semana viendo alguna de esas pelis que a él le encantaban y que yo, lo confieso, apenas entendía. Pero eso daba igual. Era genial formar parte de su mundo, sentirme tan importante como para que Víctor compartiera un rato conmigo.

La de Billy Wilder, hace ya tres años, fue la última. Tiene gracia, porque —como tú misma decías— es una comedia tan amarga que a veces ni siquiera parece una comedia... No sé. Es una obra maestra, me dijo mi hermano. Y cuando me lo dijo yo le noté algo raro. Como triste. Pero mi hermano solía estar así muy a menudo, así que tampoco era demasiado fácil saber si esta vez lo estaba un poco más. Luego mis padres me explicaron más cosas... Tarde, claro. Me lo explicaron cuando ya no podía hacer nada por Víctor. Cuando nadie podía hacer nada por él.

Alguien debería explicarme por qué los padres tienen la puta manía de considerar que sus hijos somos idiotas y necesitamos que pasen muchísimos años para contarnos la realidad tal y como es. Por eso a mí no me dijeron nada. Por eso nadie me habló nunca de su medicación, ni de su tratamiento, ni de su terapia, ni de lo importante que era controlar que cumplía con todo aquello y lo fácil que era que mi hermano se saltase cualquier clase de vigilancia. Cualquier imposición de esos psicólogos que él decía que solo pretendían atontarle y adormecerle con sus pastillas.

Todo pasó un domingo. Eso, visto con cierta distancia, no me sorprende demasiado... El domingo es el peor día de la semana y sus tardes son mortales, de una densidad que se te clava y te deja hecho una mierda sin que haya motivo... Y aquel día era domingo, claro. Un maldito domingo.

He quedado, me dijo. Y Víctor se largó nada más acabar la película. A mí me tocó sacar el DVD y guardarlo en su caja. Qué estupidez, ¿no? Pero ese momento tan simple es lo que mejor recuerdo de aquel día. Me veo a mí mismo buscando como un loco la dichosa caja, que no aparece por ninguna parte, mientras sostengo con la mano izquierda el disco intentando no pringarlo con mis huellas. Eso era todo lo que me preocupaba en ese instante, no ensuciar el DVD de la película. Hasta que, no mucho después, sonó el teléfono.

Fue todo muy rápido. Demasiado. No tengo un recuerdo organizado, solo escenas. Fotogramas que unos días intento poner en orden y otros, simplemente, me esfuerzo en olvidar. De todos modos, no importa lo que me proponga, los recuerdos se encargan de ejercer su voluntad ajena a la mía. Y lo hacen en momentos inoportunos. En momentos inesperados. En momentos como nuestro rato juntos del otro día, donde supongo que quise hacer una heroicidad y me convertí, sin embargo, en un cobarde.

Cuando todo pasó, mis padres y yo vivimos una primera fase de negación. De una extraña parálisis. Queríamos creer que no había ocurrido, así que dejamos que la vida siguiese sin prestarle atención a que él ya no estaba. Pero eso duró poco. Barcelona se nos caía encima —él estaba allí, en cada calle— y las dudas empezaron a ser constantes. No podía haber sido un acto consciente. Ni premeditado. Tenía que haber sido un accidente. Porque no miró. Porque no se fijó. Porque como no tomaba con regularidad su medicación, le fallaban la atención y los reflejos.

Eso era lo que pensábamos en los días buenos. Pero los días malos pronto empezaron a ser muchos más. Los días en los que nos preguntábamos si habíamos hecho todo lo posible ante su tristeza. Ante su enfermedad. Si no se nos había escapado algo y le habíamos dejado perderse en su propio laberinto mental. Si dejarse arrollar en medio de la carretera había sido un accidente o una decisión... Entonces mi padre culpaba a mi madre, mi madre culpaba a mi padre y yo, que ya no tenía con quién ver cine clásico, los culpaba a los dos.

Luego llegó el divorcio, claro. Y la marcha a Madrid. Nos vinimos los tres... Tiene gracia, mis padres no se soportan pero viven destinos idénticos. Y hasta se esfuerzan por que lo sean. Trabajan en la misma empresa y viven en el mismo barrio. ¿Tú lo entiendes? Yo me habría ido muy lejos, pero ellos no, ellos se prefieren cerca para torturarse a gusto cuando vuelven a atacar los días malos. Los malditos domingos.

Por eso tuve que irme, Abril. Porque había pensado que podía ser bueno enfrentarme a ese recuerdo y tratar de cerrar la herida de una vez... Pero no. Llevo tres años intentando suplir el hueco de alguien que ya no está y siento que me ahoga tanto su ausencia como su presencia. La presencia invisible de una persona a quien todos —incluso yo— idealizan y con quien todos me comparan. Pero ese alguien no existe: ese alguien, mi hermano, no era así.

No sé si te voy a enviar este correo... La verdad es que tengo dudas de si debo hacerlo aunque crea que te mereces una explicación y que yo también me merezco poder dártela. No aspiro a que lo entiendas, tan solo me conformo con que te des cuenta de que no soy un capullo y me des otra oportunidad de volver al cine, o a tomar algo, o a escuchar música, yo qué sé.

Cuando quieras, contesta.

Me gustará leerte.

Ohtonqui

—¿Aliados?

Tezcatl estaba convencido de que debía ser un error. Estaba distraído, preguntándose dónde se habría escondido la joven destinada a ser su esposa, así que imaginó que había entendido mal al mensajero que acababa de regresar de su expedición a Tlaxcala.

—¿Los extranjeros no los atacaron?

—Sí, pero cuando llegué ya habían cerrado un acuerdo de paz. Les han prometido parte de cuanto ganen en sus batallas.

—¿Y los tlaxcaltecas han aceptado?

El mensajero asintió. A pesar de la rivalidad de aquel pueblo con la Triple Alianza —Tenochtitlan, Texcoco y Tlacopan: ejes de un imperio del que Tlaxcala solo había obtenido presión, explotación y migajas—, a todos les resultaba imposible concebir ese acuerdo con quienes no parecían traer consigo más que ambición y codicia. ¿No veían que se estaban aliando con las fieras que acabarían devorándolos? Tan pronto como dejaran de serles útiles se desharían de ellos y, seguramente, no dudarían en emplear cualquier método a su alcance.

—Hemos de dar la voz de alarma —sentenció Ohtonqui.

Todos estuvieron de acuerdo en que era preciso hacer llegar sus sospechas al Consejo de los Cuatro, convencidos de que ellos harían lo posible por prevenir del peligro al emperador. Por lo que se decía en la ciudad, Moctezuma seguía dudando sobre la naturaleza humana o divina de los invasores y su pueblo, sin embargo, cada vez estaba

más seguro de que aquellos hombres solo se aprovechaban de sus creencias para sacar partido de ellas. Si fueran una reencarnación de sus dioses, se habrían manifestado como tales, sin esconderse en ropajes y modos que en nada se parecían a los que su fe les había conferido.

—Ya estarán informados, Ohtonqui —repuso con insolencia Tezcatl, que necesitaba desahogar su furia contra el hombre a quien culpaba de no haber sido capaz de retener a su propia hija.

—Sí, pero deben saber que su pueblo también lo está. Y que necesitamos reaccionar... Si los extranjeros se han aliado con los tlaxcaltecas, solo podemos esperar lo peor.

No tenía sentido contradecirle. Era evidente que tenía razón y, más aún, que pensaba lo mismo que el propio Tezcatl. Sin embargo, este no podía dejar de sentir cierto rencor hacia aquel hombre que le negaba la verdad sobre su hija. ¿Debía creerle cuando decía que no sabía nada de su paradero? Cinco noches llevaban buscándola sin descanso y cinco noches habían regresado con las manos vacías. Tezcatl se sentía humillado y, por eso mismo, no estaba dispuesto a renunciar a ella. Xalaquia tendría que disculparse ante él y aceptar su destino. Ese era su lugar. Y ahora, después de aquella ofensa, poco le importaba al guerrero la voluntad de su futura mujer. Antes o después la encontraría. Y antes o después le haría pagar por su insolencia.

Ohtonqui se alejó del grupo sintiendo sobre su espalda la mirada arrogante de Tezcatl. De repente, se veía a sí mismo en medio de una encrucijada imposible. Preocupado por el presente de su hija —¿cómo podría sobrevivir lejos de su familia y de su pueblo?— pero también por su futuro —¿qué le esperaba cuando diesen con ella y la entregasen al fiero guerrero con quien la había prometido?—. La mirada de aquel hombre parecía llena de un fuego que nada, ni siquiera el amor, aplacaría. ¿Debía seguir buscándola?

Cada noche Izel había salido inútilmente en busca de su hermana al frente de un grupo de jóvenes guerreros. Todos eran conscientes de que pronto habría que suspender aquellas batidas: si sus enemigos los acechaban, esas expediciones podían costar la vida a quienes participaran en ellas. «No puedo perder también a mi hijo», se lamentaba Ohtonqui.

Antes de retirarse, una idea cruzó su mente. ¿Y si lo que los extranjeros planeaban era...? ¡Exacto! Tenía que ser eso... Se giró hacia el grupo de hombres que comenzaba a dispersarse y corrió hacia ellos.

—¡Cholula!

—¿Cómo?

—Cholula —repitió jadeando por culpa de la carrera—. Ese es su próximo objetivo... Si su deseo es venir hasta nosotros, debemos suponer que pasarán antes por allí.

Todos lo miraron con cierto escepticismo. No estaban seguros de si debían creerle: era obvio que la edad había mermado sus facultades ¿Cholula? ¿Y por qué habrían de afrontar los extranjeros y los tlaxcaltecas ese riesgo? Además, cabía la posibilidad de que ni siquiera se atreviesen a acercarse a Tenochtitlan. Su fama y su poder los precedían

y eran los protegidos del gran dios Huitzilopochtli. No, ni ellos ni su majestuosa ciudad estaban destinados a morir a manos de aquellos extranjeros. El anciano Ohtonqui se excedía en su miedo. Su edad, sin duda, lo estaba traicionando.

—Yo iré.

No esperaba oír algo así de Tezcatl. Estaba convencido de que él sería la última persona en escuchar sus palabras y, sin embargo, fue el único que mostró interés en lo que les acababa de decir.

—¿Irás?

—Así lo he dicho.

—¿Solo?

—Sabré cuidarme.

—No podemos prescindir de más hombres. Si algo sucediera, Tenochtitlan debe estar bien protegida por todos sus guerreros. Mi hijo irá contigo.

—¿Izel? —Tezcatl disimuló apenas una mueca de desprecio.

—Iréis los dos hasta Cholula y comprobaréis si mis sospechas son ciertas. Haceos invisibles. Elegid un grupo de hombres fieles y discretos, confundíos con la naturaleza y no dejéis que nadie sepa que estáis allí. Si mi intuición es verdadera, volved raudos para que podamos evitar la tragedia.

Tezcatl asintió fingiendo una gratitud que no sentía. ¿Izel? ¿Por qué tenía que compartir su misión con él? De la misma edad, idéntica complexión y, para colmo, semejantes aptitudes militares. Su rivalidad no había hecho sino crecer con los años y le parecía insufrible la idea de dividir los rigores de la empresa o las dulzuras del triunfo. Cualquiera de las dos cosas le producía un malestar enorme, al que se sumaba la verdadera intención que abrigaba con su viaje. ¿Los extranjeros atravesando Cholula? ¿Exponiendo sus vidas en un lugar del que apenas obtendrían recompensa y que no conocían? Ohtonqui estaba equivocado. Su vejez lo traicionaba y le hacía llegar a conclusiones ridículas... Pero aquella descabellada teoría era la excusa que necesitaba Tezcatl para salir de Tenochtitlan y encontrar a Xalaquia.

Su orgullo no estaba dispuesto a aceptar la huida de aquella muchacha insolente y, mucho menos, a convertirse en objeto de burlas en futuros relatos y leyendas. Cuando alguien hubiera de hablar sobre él, destacaría su nervio, su coraje, su valor en la batalla y su aplomo en la paz. Nadie lo describiría como el hombre al que abandonó su prometida. Como el burlado que esperó sin éxito a que una joven le concediese el amor que a él le correspondía por derecho. La compañía de Izel no era más que un estorbo para conseguir su verdadero fin, pero supuso que encontraría el modo de sortear aquel imprevisto. A fin de cuentas, su astucia era tan notable como su fuerza, y en el caso de Izel siempre había sido mucho más obvia la segunda que la primera.

—Cuidaré bien de vuestro hijo.

—Y él te cuidará bien a ti, Tezcatl.

La soberbia de aquella familia no conocía límites. Tragándose la rabia —¿a él?, ¿quién tenía que protegerlo a él?— se dispuso a dormir para afrontar el largo viaje que le esperaba al día siguiente.

La caza estaba a punto de comenzar.

11

No sé quién soy.

Supongo que a todos nos sobran los motivos para preguntárnoslo, pero yo no esperaba sumar, de repente, otro más.

No sé quién soy.

Y en mi bandeja de entrada recibo un correo que me recuerda eso mismo:

Asunto: *Quién?*

No hay nada más. Ni remitente. Ni hora de envío. Ni mensaje alguno. Tan solo el asunto.

Quién?

Esto es ridículo. Parece que la tecnología se hubiera aliado contra mí y estuviera provocando situaciones absurdas. Imposibles. Los *emails* tienen que venir de algún lugar. Y los mensajes. Y los retuits. Y hasta las canciones de mi iPod. Es tan surrealista que me da la risa. Sí, me río porque voy a estallar si no lo hago. O, peor aún, voy a enloquecer.

Harta de darle vueltas a preguntas que carecen de respuesta, salgo a ver a Nico. Me vendrá bien que pasemos un rato juntos y largarme de casa. La situación con mi madre sigue sin mejorar y prefiero verla lo menos posible. Además, Nico tampoco está demasiado bien. Lo de Hugo le ha empezado a obsesionar y le cuesta convencerse de que no todo el mundo tiene el mismo valor que él para asumirse ante los demás.

—Voy a conseguirlo, Abril.

—No creo que sea sensato.

—¿No me vas a animar?

—¿A que te hagan daño?

—No seas negativa.

—No lo soy. Soy realista...

Nico cambia de tema y me cuenta que sus padres vuelven a irse en breve por temas de trabajo, así que ya está planeando la siguiente fiesta en su casa.

—La semana antes del viaje, ¿qué te parece? Así socializamos con la gente del instituto...

—¿A ti te interesa *socializar* con ellos?

—Y por qué no. Como no están mis padres...

—Cualquier día te pillan.

—Yo creo que ya lo saben. Pero les da lo mismo.

Prefiero no preguntarle por los invitados, pero doy por hecho que repetirá Raúl y se me cruza durante un segundo la idea de si quiero darme de bruces con él mientras se está enrollando con Marina en el mismo lugar donde hace no mucho se enrollaba conmigo. Me siento infantil por hacerme una pregunta como esa y trato de borrar la imagen de mi cabeza mientras intento contarle a Nico lo que me está pasando.

Él escucha con incredulidad. Lo sé. Noto que le cuesta pensar que lo que le estoy diciendo es cierto. Pero yo no me rindo. Ese «quién» de mi correo electrónico no es casual. Hay alguien que me lanza preguntas. Alguien decidido a convertirse en una interferencia en mi propia vida y que, a su modo, hace que esa vida sea suya también.

—¿Me crees?

Nico saca su móvil mientras busca una respuesta que no me hiera.

—Lo único que digo, Abril, es...

Enmudece de pronto.

—¿Sí?

No responde.

—Sigue...

Silencio. Insiste en tocar la pantalla, como si quisiera actualizar algo. No puedo ver el qué.

—¿Pasa algo, Nico?

—Mira.

Me acerca su teléfono. En la pantalla, su perfil de Twitter. Y en él, un tuit enviado hace solo un minuto.

—¿Te han pirateado la cuenta?

—No lo sé, Abril, pero hace un minuto yo no he tuiteado nada. Tú lo has visto. Estaba aquí contigo, ¿no? Escuchándote.

—Sí.

—Ahora léelo.

—*Múltiples aves hacen estrépito.*

—¿Tú entiendes algo?

Me encojo de hombros.

—¿No me has hablado de un mensaje parecido?

—*Aves color de fuego...*

—Tiene que haber una conexión, Abril.

—¿Conexión? Pero ¿con qué?

—Con lo que te ha estado pasando últimamente...

Nico sigue teorizando sin llegar a ninguna conclusión y me propone que vayamos a tomar algo. Le digo que sí mientras le escucho sin decir ni una sola palabra. En mi cabeza solo veo otro lugar. Otro espacio. Un territorio marcado por el agua. Igual que en mi sueño. Una ciudad de agua... Nico pregunta algo y yo vuelvo a encogerme de hombros. No sé. Sinceramente, ya no sé nada... Porque cuando salía de casa solo tenía la certeza de no saber quién soy. Pero ahora, la verdad, tampoco tengo claro dónde estoy.

Ocelotl

—Sígueme.

De nuevo, esa voz que nacía de la tierra.

—Vamos. Sígueme.

Ocelotl obedeció. La voz lo guio a través de los árboles trazando un recorrido laberíntico. Piedras. Arbustos. Setos. Riachuelos. El guerrero seguía todas y cada una de aquellas indicaciones sin saber hacia dónde lo estaban dirigiendo. ¿Por qué le había salvado la vida? ¿Qué ganaba —fuese quien fuese— con todo aquello? Por fin, llegaron a un lugar apartado y silencioso en el que había un pequeño arroyo y algunos árboles frutales. No era el más habitable de los entornos, pero tampoco el más inhóspito, así que supuso que la voz lo había elegido con cierta premura pero, a la vez, con la firme voluntad de permitirle reponer fuerzas.

—¿Podré verte o vas a seguir ocultándote?

La voz no respondió.

—¿Sigues ahí?

Xalaquia quería decirle que sí, pero estaba demasiado ocupada. Debía agradecer a Xiuhtecuhtli, el dios del fuego, su ayuda en la recién iniciada lucha por algo que a lo que no estaba dispuesta a renunciar ni como mexica, ni como mujer: su libertad. Después, consagró sus palabras y rezos a la diosa Coatlicue para que la ayudase a deshacer su conjuro.

Por un momento, Xalaquia temió haber confundido las palabras. ¿Y si no había empleado un conjuro de metamorfosis sino uno de fusión y ahora estaba condenada a volverse tierra para siempre? Por suerte, su temor era infundado: pronto comenzó a notar cómo la fina arena con la que se había transformado su cuerpo volvía a tomar la forma humana. Lentamente se dibujaron y esculpieron en la tierra sus piernas, sus caderas, su pecho, su cuello y, por último, su delicado rostro, ante la mirada atónita de Ocelotl. Aquella fue la primera vez en que Xalaquia entendió, al fin, el porqué de su nombre.

—¿Mejor así?

El Jaguar apartó la mirada. Una mujer... Peor aún, una hechicera. No podía imaginar nada más deshonroso. Su destino, que ya había sido mancillado en una ocasión, volvía a verse hundido en el fango para siempre. Nada le cabía esperar que pudiera salvar su nombre. Ni mucho menos el de su familia. ¿Cómo podría explicárselo a su padre? ¿A sus tres hermanos? Ni siquiera la venerable Yohualli lo entendería.

—Tenemos mucho que hacer.

—¿Tenemos?

—Si queremos salvar a nuestros pueblos, sí.

¿Una alianza con una bruja? Ocelotl no era capaz de reaccionar. ¿Cómo —y qué— se podía responder a algo tan descabellado como aquello? Sin embargo, tampoco veía justo negarse. ¿No debía al menos escuchar a quien le había salvado la vida? La deuda recién contraída se le hizo, de repente, terriblemente pesada.

—¿Por eso me has salvado? ¿Para obligarme a ayudarte?

—Te he salvado porque he visto algo en ti. Algo que ya intuí la primera vez que nos encontramos.

—¿La primera vez?

Ahora todo cobraba sentido. La primera huida también había sido cosa suya. Ella era quien estaba detrás de su conversión en jaguar: nunca existió más animal que el que cobijó su cuerpo, copiando las formas y movimientos de la fiera que lo condujo a su libertad. Dos veces. Dos huidas. Y dos lazos que lo encadenaban a ella: cómo no prestar auxilio a quien tanto había hecho en su favor... El honor lo condenaba a ser leal a aquella joven, aun cuando sintiese que así traicionaba a todo aquello en lo que creía.

—Eso ahora no importa. Tenemos que actuar.

—¿Contra quién? ¿Contra mi pueblo? ¿De verdad esperas que traicione a los míos?

—Al revés. Son tu pueblo y el mío a quienes hemos de intentar salvar. No podemos dejar que sucumban al engaño de los extranjeros.

Elegir entre dos males. En eso parecía resumirse su destino. Ocelotl se sintió preso en una encrucijada donde cualquier camino conducía a un punto sin retorno, un lugar desde el que jamás podría volver a ser quien hasta entonces había sido. Quien había soñado llegar a ser. Se recriminó su egoísmo —¿cómo podía pensar solo en sí mismo en un momento así?— e hizo un enorme esfuerzo por asumir los hechos y afrontar la necesidad de dar un paso al frente, aunque supiera que más allá solo lo esperaba un abismo donde habría de despedirse del antiguo Nahui. El que ya no volvería jamás con los suyos. El que ya no pertenecía a ningún lugar.

Aquella bruja acababa de condenarlo al ostracismo. Para siempre.

—Habla. Te escucho.

12

—¿Y ya está?

Nico se pone en pie y señala con rabia la pizarra. Se hace un tenso silencio en la clase y Alfonso, el de mates, reacciona desconcertado.

—¿Te sientas, por favor?

—No.

Coge su bandolera y sale de clase dando un fuerte portazo que nos deja atónitos. Alfonso hace un tímido ademán de seguirle, pero es obvio que no se va a esforzar en ello. Regresa al aula y comienza a explicar tema nuevo como si no hubiera pasado nada. Es su especialidad. La suya y la de los que son como él. Fingir que nunca pasa nada.

Marina y yo contenemos las ganas de imitar a Nico. Ella me lanza una mirada que interpreto enseguida y empiezo a bombardearlo con mensajes mientras el de Matemáticas nos desarrolla no sé qué teoremas en la pizarra. Si he aprendido algo útil en mis años de ESO ha sido cómo usar el móvil sin mirar el teclado siquiera. Nunca sabes cuándo puedes necesitar esas habilidades. Hoy, por ejemplo, son muy útiles para intentar calmar a Nico o, por lo menos, para dejarle que se desahogue conmigo.

Noto que Iván me interroga con la mirada. Sé que Nico le cae bien desde el principio, así que se ha quedado igual que yo, desconcertado y un tanto inquieto.

¿Qué te pasa?

Nada.

Suéltalo.

Estoy harto, Abril.

¿Por?

¿No lo has visto?

¿El qué?

Lo de siempre.

No sé qué es lo de siempre.

Ya...

¿Dónde estás?

En el parque.

Ahora voy.

Da igual.

Pero ¿qué te ha pasado?

¿De verdad no lo has visto?

Tecleo con la mano izquierda mientras con la derecha finjo que tomo apuntes. Alfonso, por supuesto, ni se entera. O eso creo. Iván lo está distrayendo con una de esas preguntas extrañas a lo *Big Bang Theory* que hace de vez en cuando. Los demás ya nos hemos acostumbrado a que interrumpa las clases de Matemáticas y de Física con cuestiones sobre la relatividad o la mecánica cuántica que solo parece entender él... En el fondo, no estoy muy segura de que sepa de lo que habla, porque tiene una necesidad tan grande de destacar y llamar la atención que tiendo a sospechar que casi todo lo que hace y dice forma parte de una pose con la que construye al personaje que nos quiere ofrecer a los demás. De todos modos, hoy sé que eso lo hace por mí. Y por Nico.

Voy en cuanto termine la clase.

Como quieras. Estoy bien.

¿Seguro?

Que sí...

Dime qué ha sido.

No puedo creerme que solo lo haya visto yo.

¿El qué?

Iván prosigue con su interrogatorio. Que si Heisenberg (¿el prota de *Breaking Bad?*) dijo, que si Einstein opina... Ahora no sé si lo hace para ayudarme o para apabullarnos. O, por qué no, para las dos cosas... Alfonso, que se emociona a menudo con las preguntas de Iván, llena la pizarra con nombres que desconozco y términos que me parecen poco menos que incomprensibles. Sigo escribiendo en el cuaderno como una autómata cuanto él dice para que no se note que, en realidad, solo estoy pendiente de la pantalla de mi móvil. ¿Entrelazamiento cuántico? Pero ¿cómo hemos llegado aquí? ¿No estábamos hablando del alias de Walter White? Y es más, ¿eso tiene algo que ver con lo que estábamos estudiando?

La mitad de la clase suspira con fastidio y Alfonso nos dice que, según demostraron en sus experimentos unos tales Don Page y William Wooters, es posible que haya relación entre dos partículas por lejos que se hallen en el espacio y en el tiempo.

—Es más, como tú mismo sugerías, Iván, incluso se propone que quizá el tiempo solo sea un fenómeno observable desde dentro, pero no desde fuera: desde fuera no existiría y sería un todo estático, de ahí que lo que sucede en una partícula afecte a lo que suceda en la otra.

Yo copio como si entendiera algo de todo esto. Copio mecánicamente, mientras me pregunto qué le ha pasado

a Nico y caigo, al fin, en la cuenta de lo que ha sido.

¿Es por lo de la pizarra?

¿Tú qué crees?

Que no es para tanto.

Claro.

No te rayes.

No me rayo.

A lo mejor lo has sacado de quicio.

Estoy harto de que nadie diga nunca nada. De que lo borren como si ni siquiera estuviera allí escrito.

El de mates no se habrá dado cuenta.

Porque no ha querido darse cuenta.

Nico, anda, no seas tan

¿Tan qué?

No es que no crea que no tiene importancia. Claro que no. Pero tampoco arregla nada montando el numerito ese. Es verdad que estaba escrito en la pizarra. Que no era la primera vez. Que ha pasado antes. Este curso. Y los anteriores. Sí, es verdad que tiene que agotar llegar a clase y encontrarse con ese «maricón» en el encerado.

Que tiene que fastidiar que el profesor de turno se limite a borrarlo como si no estuviera allí. Que se mire para otro lado porque tenemos prisa por acabar no sé qué temario. Por hablar de unos tipos —¿cómo eran?, ¿Wooters y qué?— que no conocemos, en vez de discutir cuestiones que afectan a nuestra convivencia real. Al aquí y al ahora. Si es que existe el ahora, claro, porque después de esta charla que nos ha metido hoy Alfonso, hasta creo que se podría dudar de eso... Tiene que doler, sí, supongo. Pero Nico no puede tomárselo todo siempre como algo personal. Eso tampoco. No creo que fuera contra él. Eso intento decirle. Solo es una palabra. Y hay gente que la usa sin pensar. No sé. Tan solo eso.

No tienes ni idea, Abril.

Pues ayúdame a entenderlo.

Estoy harto de que insultarme sea normal.

Lo conozco bien. Por eso sé que Nico no me está diciendo toda la verdad.

¿Qué más ha pasado?

Tarda en responder. Imagino que duda si le apetece contármelo.

Quiero estar solo.

Lástima. Opta por el silencio.

¿Prefieres que no vaya?

Silencio y desconexión: ya no está en línea.

Nunca lo había visto reaccionar así, pero tengo la sensación de que este año todos estamos sacando cosas que llevaban mucho tiempo encerradas. Quizá eso del entrelazamiento cuántico no sea tan difícil de entender. Quizá

Nico, Marina y yo seamos también partículas que están ligadas entre sí y que ahora, por culpa de algún agente que se ha sumado de forma imprevista a nuestro experimento, nos encontramos a punto de explotar. El agente, si lo analizamos científicamente, tiene que ser Iván, que es el único factor que ha introducido una nueva variable en el sistema.

Qué te ha dicho Nico? Está bien?

No.

Ya...

Deberíamos hablar con él, Marina.

En cuanto suene el timbre.

Bien.

Por cierto...

¿Sí?

He recibido uno de esos mensajes tuyos.

¿Míos?

De los anónimos que te mandan a ti.

¿En serio?

Lee.

Pásamelo.

«¡Se han convertido en aves color de fuego!».

Qué????

Lo que has leído.

Esto es para volverse loca...

Y que lo digas.

No sé si Wooters y ¿cómo era el otro? tenían razón. Pero está claro que este curso todos estamos buscando respuestas al quién y, de momento, parece que seguimos atascados en el cómo.

Izel

Era mucho peor de lo que habían imaginado.

Acostumbrados a la guerra, no habían visto jamás un horror semejante. La sangre bañaba toda Cholula: un reguero de muerte y violencia se había adueñado de sus casas, de todos y cada uno de sus rincones. Los cadáveres de los guerreros no eran más que el inicio de un atroz cuadro en el que aún les faltaban por descubrir las imágenes más escalofriantes.

—¿Cómo han podido...?

Izel y Tezcatl, acompañados del grupo de jóvenes con quienes habían contado para su expedición, se encontraron frente a los cuerpos de todas las mujeres y niños que los extranjeros habían degollado, sin piedad, a su paso. Sintieron que sus fuerzas se quebraban cuando descubrieron en los cuerpos de las víctimas las señales de la violencia.

—Los vengaremos.

Izel asintió. Ninguno de los dos albergaba esperanzas sobre las intenciones de aquellos hombres, pero tampoco habían imaginado que serían capaces de mutilar y asesinar a quienes no empuñaban armas para defenderse. Lo que tenían ante sí era una evidente emboscada, un ataque traicionero e inesperado con el que habían planeado deshacerse de toda una ciudad.

—Buscaban allanarse el paso.

—Y es obvio que nosotros somos los siguientes en su viaje.

Acompañados de sus hombres, recorrieron toda Cholula caminando entre cadáveres en busca de algún superviviente que pudiera hacerles un relato más preciso de los hechos. Pero no hallaron a nadie. Si hubo quien consiguió escapar con vida, parecía evidente que había huido de allí, abandonando la ahora ensangrentada y fúnebre ciudad.

—Debemos informar de todo esto. Cuanto antes.

—Nos llevan ventaja.

—No demasiada... La sangre está aún fresca. Como si se acabaran de marchar.

—Tenemos que avisar a los nuestros. No podemos permitir que esto...

Tezcatl no pudo seguir hablando. Los cuerpos de dos hermanos —un niño y una niña— de no más de seis años yacían justo frente a él. Los pequeños estaban abrazados y se veía que habían sido ensartados por una misma lanza. Una cobarde arma que había puesto fin a sus dos vidas. Sus expresiones de terror eran el más contundente resumen de lo que allí había sucedido. Para qué seguir buscando un testigo de la masacre cuando los cuerpos de las víctimas contaban los hechos con tanta contundencia. Todo había sido rápido y fríamente planificado. Ante sí, aquellos extranjeros no habían visto hombres, mujeres ni niños, tan solo seres hostiles a quienes decidieron arrebatar sus vidas por parecerles de nulo valor. Nada, pues, se podía esperar de ellos si llegaban a Tenochtitlan. Nada salvo que se reprodujera el mismo horror que habían provocado en Cholula hacía solo unas lunas, en una fecha que quedaría marcada en las páginas más trágicas e ignominiosas de la Historia: el 18 de octubre de 1519.

—El anciano Ohtonqui tenía razón.

—Siempre la tiene. Su sabiduría es proverbial.

—Salvo cuando se trata de su hija.

—Tezcatl...

—¿Intentas decirme que no tengo razón?

—Mi hermana aparecerá.

—¿Seguro?

—Ahora no es el momento.

—¿Cuándo lo será?

—Cuando pase el peligro.

—¿Y si los extranjeros la encontraran antes que nosotros?

—¿Qué estás pensando?

—Que no podemos volver sin ella.

—Tenemos que avisar de...

—Xalaquia está en peligro. ¿No te das cuenta?

—En ese caso, deberíamos dividirnos. No quiero que mi hermana muera ni que mi pueblo sufra una suerte tan horrible como esta.

—Regresa con los nuestros. Cuéntales todo lo que hemos visto aquí. Yo me encargaré de encontrar a Xalaquia.

—Soy yo su hermano.

—Soy yo su prometido.

Izel asintió. El tiempo apremiaba y no parecía sensato prolongar la disputa. Además, Tezcatl —pensó— tenía razón. Él habría hecho lo mismo. Ahora, lo esencial era que cada uno de ellos se encargase, junto con sus hombres, de llevar a cabo la tarea encomendada. Sintió una punzada de rabia contra Xalaquia. ¿Cómo podía haberlos abandonado en un momento así? ¿Era posible un acto de mayor irresponsabilidad? El futuro de su pueblo estaba en juego y ella se escondía de su deber como niña irresponsable y caprichosa. Una niña que no era consciente del peligro que los acechaba ni de la cercanía del horror y la muerte. Ese horror que había bañado Cholula en sangre dejando tras de sí el olor amargo de la traición y de la cobardía.

—Pagarán por ello —se prometieron. Y tras hacer una señal a sus respectivos guerreros, emprendieron el camino de regreso.

El tiempo se estrechaba y ahora tenían dos urgentes misiones que cumplir.

13

—Iván...

—¿Sí?

—Gracias.

—¿Por qué?

—Por lo de antes... Ha estado bien que distrajeras al de mates mientras yo hablaba con Nico.

—No lo hacía solo por eso. El tema me interesa.

—¿Te interesa de verdad o solo porque forma parte de tu pack de *hipster*?

—Las dos cosas.

—Lo suponía...

Se ríe. Me contagia su risa. Los ojos le brillan de modo diferente cuando lo hace, como si esa especie de niebla arrogante que lo acompaña se disipase por un segundo.

—En serio, me interesa... Pensar que el tiempo no es una medida absoluta le da un sentido diferente a lo que llamamos «real».

—Suenas igual que Alfonso.

—¿Tú no te has preguntado nunca si el futuro es algo que ya existe?

—¿El destino, dices?

—No, nada de eso. Si hay destino, no somos libres. Y yo creo que sí lo somos. Que sí elegimos. Lo que ocurre es que esas elecciones a lo mejor las hemos hecho ya. Si podemos recordar lo que ha pasado, ¿por qué no podemos recordar lo que va a suceder?

—Porque es imposible.

—O a lo mejor no lo es. El tiempo no es una medida absoluta... Nos gusta creerlo porque eso nos ayuda a organizar mejor la realidad. Pero es mentira. No lo es... Nada lo es.

—Espera, que eso sí lo he anotado... —leo lo que he copiado en mi cuaderno mientras me escribía con Nico—. ¿Principio de incertidumbre?

—Y sentido común... No sé si Heisenberg era un verdadero genio o solamente un tío muy sensato.

Me gusta hablar con él. No puedo negarlo... Tiene un tono prepotente a menudo, sí. Le encanta escucharse, también. Pero me puede esa mirada suya y esa pasión que pone en lo que dice. Cuando se olvida de la máscara de la arrogancia —un disfraz, supongo, con el que protegerse de los demás—, se convierte en alguien interesante, lleno de cosas que decir. Y juraría que también de ganas de compartirlas... No sé si estoy en el mejor momento para iniciar nada con nadie pero mientras él sigue hablándome de la gente a la que admira —Hawking, Bohr, Einstein...—, yo me pregunto cómo sería empezar algo con él. Quizá baste con cambiar de película para la próxima vez o, si es necesario, suprimimos el cine.

—Aún te debo una explicación de lo que sucedió aquella tarde.

—No hace falta. Ya está olvidado, Iván.

—Te escribí un correo, ¿sabes?

—No lo he recibido.

—No me atreví a enviártelo.

—¿Y eso?

Su discurso de hace solo unos instantes se convierte en silencio. Busca palabras que no encuentra y baja la cabeza, como si en el suelo que golpea con sus deportivas se hallase la respuesta que necesita. No le fuerzo a que diga nada. Me limito a esperar sin dar una sola señal de impaciencia. Intuyo que no es fácil lo que quiere expresar y me desconcierta que una simple película sea responsable de un recuerdo tan doloroso.

—¿Te lo envío? Lo guardé en la carpeta de borradores... No fui capaz de mandártelo, Abril, pero tampoco de eliminarlo.

—Como tú quieras. Ya te he dicho que no hace falta que hablemos de ese día si tú no quieres. No fue tan importante.

—Ese correo sí lo es.

Saca su móvil y teclea rápidamente.

—Ya está. Enviado.

La alarma de *email* recibido suena dos veces en mi teléfono. Lo compruebo y tengo no uno, sino dos mensajes de Iván. El primero tiene un asunto típico suyo, *Cinefobia*. No puedo evitar esbozar una sonrisa irónica ante el «ivanesco» juego de palabras. El segundo, sin embargo, viene sin asunto.

—¿Cuál de los dos debo leer primero?

—¿Dos?

—Sí.

—Solo te he mandado uno.

Definitivamente, la correspondencia no deseada y, peor aún, no identificada, se ha convertido en mi vida en *trending topic*. Abro con desgana el correo sin asunto y descubro un texto que, por supuesto, no entiendo:

¡Se han convertido en aves color de oro!

—¿Tú sabes algo de esto?

—¿Yo?

—Viene desde tu dirección de correo.

No sé qué dirían Heisenberg y su principio de incertidumbre, pero lo que tengo claro es que no puedo seguir fingiendo que no sucede nada. La excusa de la casualidad o hasta de la broma de mal gusto ya no basta para explicarme la acumulación de estos mensajes que, aun siendo en apariencia insignificantes, han conseguido inquietarme. Porque no sé si los mensajes describen mis pesadillas o si son mis pesadillas las que imitan sus textos. Aves que arden, cielos que se incendian, huidas imposibles... Esta noche, lo sé, volveré a soñar con todo ello. Y mañana habrá otro mensaje más. Otra canción inesperada. Otro guiño tecnológico de un azar que se divierte confundiéndome.

—Parece un verso, ¿no?

Entonces caigo en la cuenta de que debería sumarlo a los mensajes de Nico y de Marina. Enlazo sus versos con la ayuda de Iván y obtenemos algo que, aunque sigue resultando incomprensible, podría tener cierto sentido:

Múltiples aves hacen estrépito.
¡Se han convertido en aves color de fuego,
se han convertido en aves color de oro!

Una estrofa que habla de aves que se vuelven llamas... Aves que abrasan y rasgan con furia el firmamento.

Son ellas.

No hay duda.

Son el fuego que desvela mis sueños.

Xalaquia

—Es imposible.

Xalaquia odiaba esa palabra. *Imposible*. Llevaba oyéndola toda su vida. Desde pequeña le habían hablado de todo lo que no podía suceder. De todo lo que no se podía hacer. De todo lo que, por ser mujer, le estaba prohibido.

Decidir su destino era imposible.

Dominar la magia era imposible.

Convertirse en chamán era imposible.

Aquel adjetivo estaba unido a su sexo con una molesta tenacidad. Una sombra que se adhería a su cuerpo y le impedía caminar, avanzar por la senda que soñaba trazarse. No sabía hacia dónde. No sabía con quién. Y ni siquiera el cómo. Pero si no podía experimentar, si no la dejaban elegir y, por qué no, también equivocarse, jamás encontraría nada que mereciera la pena en ese viaje.

Imposible era la palabra maldita y, ahora —también ahora—, aparecía de nuevo. Ocelotl se mostraba incrédulo e insistía en que nada de cuanto ella le estaba proponiendo funcionaría jamás. ¿Convencer a los tlaxcaltecas de que rompiesen su alianza con los extranjeros? ¿Y cómo iban a hacerlo?

—Provoquemos una nueva alianza. Tu pueblo ha de sumarse al mío... Cambiemos el equilibrio de fuerzas.

—No querrán.

—Hagamos que nos crean. Sirvámosles de ejemplo y abramos sus ojos hasta que Tlaxcala y Tenochtitlan firmen un pacto. No tiene sentido que sigamos siendo enemigos... No cuando el verdadero enemigo es otro y se halla tan cerca... Todo cuanto conocemos está en juego.

—¿Y por qué no lo pensasteis antes de martirizarnos con vuestros ritos?

—No es tiempo de rencor.

—¿Y antes sí lo era? ¿Cuando me condenasteis a morir en la rueda no había llegado el tiempo de la alianza?

—Entonces aún éramos rivales.

—De eso se trata. De que somos rivales. Y de que mi pueblo está cansado de servir al tuyo para el entrenamiento de sus guerreros. Estamos cansados de pelear por una paz que nunca llega. Que a los tuyos no les parece interesar que llegue.

—Pero esto es diferente...

—¿Y cómo lo sabes? ¿Cómo quieres que les convenza de algo que ni siquiera yo puedo creer?

Xalaquia recordó, en ese momento, la imagen de los guerreros tlaxcaltecas calcinados a quienes, en venganza por la muerte de Analli, había quitado la vida con uno de sus primeros conjuros. ¿Y si Ocelotl se enteraba de aquello? Era cierto que el pasado entre ambos pueblos se encontraba lleno de rivalidades y, peor aún, de cadáveres, pero lo que estaba a punto de suceder —si es que no había sucedido ya— era un hecho de proporciones mucho mayores. La desunión entre ellos solo serviría para alimentar la saña del enemigo, sería el arma que emplearían los extranjeros para hacerse con un lugar que no les pertenecía y en el que no pretendían integrarse, sino —así era como lo veía en sus sueños— avasallar.

El problema residía en cómo convencerlos. Ninguno de los dos contaba con el crédito de los suyos. Ella, por mujer. Él, por traidor. Sus voces estaban condenadas al silencio y debían encontrar la manera de hacerse oír. El modo de comunicar un mensaje que permitiera a los aztecas y a los tlaxcaltecas caminar en paz. Esta vez, sin embargo, no estaba segura de si la magia resultaría eficaz. El tiempo apremiaba y no bastaba con un conjuro para elevar la voz. No había hechizos que permitieran algo así o, por lo menos, no entre los que ella conocía.

—¿No has oído algo?

Ocelotl obligó a Xalaquia a ocultarse y se agazapó en la maleza, convencido de que alguien más se hallaba cerca. ¿Quién los buscaba? Se fundió con el paisaje hasta hacerse casi invisible, siempre había sido bueno camuflándose y acechando, por sorpresa, a sus enemigos. En esta ocasión, sin embargo, su estrategia no resultó tan eficaz. El oponente había sido mucho más rápido y consiguió hacerse con él sin esfuerzo. En solo unos instantes, Ocelotl se vio inmovilizado y con un afilado puñal ante su cuello. Supo enseguida que era uno de los guerreros de

Tenochtitlan. Uno de esos hombres con los que Xalaquia —¿cómo podía ser tan ingenua?— pretendía promover una alianza.

—¡Suéltalo!

De los árboles salieron raudos tres hombres más que rodearon a Xalaquia. Ella, aterrada por lo que intuía que estaba a punto de suceder, ni siquiera fue capaz de identificarlos. No reconoció sus cuerpos ni sus rostros, aun cuando había crecido junto a ellos. Su mirada estaba fija en el hombre que amenazaba la vida de Ocelotl y que parecía disfrutar de su ventaja mientras retorcía el brazo a su presa y acercaba cada vez más el filo del cuchillo a su garganta.

—Debería destriparte aquí mismo.

—¿Y por qué no lo haces?

Al fin lo reconoció. Su voz acababa de despejar sus dudas. Era Tezcatl. El soberbio Tezcatl. El valiente Tezcatl. El guerrero ejemplar que estaba destinado a ser su compañero para siempre. Xalaquia sintió cómo su mundo se desplomaba. Abrumada por el peso de un futuro que no deseaba y por una muerte, la de Ocelotl, que pesaría siempre sobre su conciencia. Quizá podía evitar lo segundo si se entregaba, contra su voluntad, a lo primero. Dejar que Tezcatl asesinase a Ocelotl suponía consumar la perdición de sus dos pueblos y ella no podía permitir que algo así sucediera. De repente, sintió que su libertad —incluso su voluntad— era algo minúsculo comparada con el destino de su gente. Nadie entendería nunca su sacrificio, de eso también estaba segura, pero no por ello era menos necesario. Entregaría su vida a cambio de la de los suyos, pues solo salvando a Ocelotl había aún alguna esperanza de que eso sucediera.

—Suéltalo, Tezcatl. Por favor.

—¿Ahora sí quieres hablar conmigo?

Sintió asco. La arrogancia de Tezcatl era, cuando menos, insultante. ¿Cómo se podía dirigir así a ella? ¿Cómo podía divertirle —si es que esa sonrisa era real— jugar con la vida de un hombre?

—He dicho que lo sueltes.

—¿Y por qué tanto interés en un miserable tlaxcalteca? ¿No te han enseñado quiénes son tus enemigos, Xalaquia?

—Me han enseñado el camino del odio, sí. Y ese camino no es el mío. Necesitamos otras vías si queremos que los dioses nos sigan siendo favorables.

—¿Los mismos dioses que has traicionado con tu huida?

Xalaquia tragó saliva. Sabía que se condenaba en vida con las palabras que estaba a punto de pronunciar.

—Si lo sueltas, accederé a los deseos de mi padre y me iré contigo, Tezcatl.

—No necesito hacerlo para que eso ocurra. Acabaré con su vida y después vendrás conmigo de todos modos.

Sin decir una sola palabra más, Tezcatl se dispuso a atravesar el cuello de Ocelotl con su puñal. Alzó el arma sin pensar que el guerrero al que aprisionaba contra su cuerpo estaba dispuesto a venderse muy caro.

Y así lo hizo.

14

Nos vamos a París en una semana.

La idea de interrumpir el curso y pasar unos días fuera me parecía mucho mejor antes. Porque antes sí que me apetecía el destino y hasta me hacía gracia poder ver a mi padre. Ahora, sin embargo, me da rabia que tengamos que volar justo allí. Sé que él va a querer que pasemos un rato juntos, y yo no estoy segura de que eso sea buena idea.

Desde que tuvimos *la* conversación, la situación con mi madre se ha vuelto algo difícil. La sensación de formar parte de una mentira me impide romper el muro que ya antes existía entre nosotras y que ahora se ha vuelto aún más impenetrable. Mi padre está, en cierto modo, a salvo de esa nueva barrera porque la distancia geográfica impone, por sí sola, su propio abismo. Es como si, de alguna manera, no hubiera un nexo real con ninguno de ellos, como si se hubiera roto un lazo invisible que antes nos vinculaba. Un nudo que solo podía sostenerse en la verdad y que se desvanece cuando esa verdad demuestra no serlo.

Mi madre ha intentado algún acercamiento. Lo ha hecho lo mejor que ha sabido, lo reconozco, pero no me es fácil dejarla llegar hasta mí. No es algo que pueda controlar y tampoco he sabido explicárselo. ¿Cómo le cuentas a alguien que te quiere que temes que se acerque a ti por si vuelve, sin pretenderlo, a hacerte daño? Necesito tiempo, supongo, aunque ella intenta acelerarlo contándome más detalles de mi adopción, enseñándome fotos del lugar donde me conocieron e incluso dándome algún objeto que trajeron consigo y que debió de pertenecer a mi familia. No hay gran cosa, aparte de un pequeño sonajero de

madera, un par de postales amarillentas con imágenes de dioses aztecas sin texto ni firma y un brazalete que he decidido ponerme desde hoy mismo en el brazo izquierdo, como si de esa manera pudiera encontrar respuestas a mis preguntas. No las hay, lo sé, pero quiero pensar que voy a poder dar con ellas alguna vez.

A pesar de todo y del previsible encuentro con mi padre, voy a ir a París. Porque no quiero perderme esta experiencia. Porque ese viaje es lo único que me hace ilusión en este curso. Y porque no pienso dejar que una mentira que no es mía haga que se pudra todo lo bueno que aparece a mi paso. Me duele no poder sentirme de otro modo. No poder aceptar la realidad con indiferencia. O, como insiste mi orientadora, con naturalidad... Pero no es así. Porque siento que mi vida comenzó en la violencia y eso, que nadie parece querer entender, a mí me ha empezado a obsesionar. Soy, sí, pero soy «a pesar de». Soy «en contra de». Soy «por encima de». Ese origen debería hacerme más fuerte, ¿no? Pues por ahora no noto esa fortaleza. Solo confusión.

—Estás viendo problemas donde no los hay.

—¿En serio, Nico?

—Eres tú la que se empeña en negarse. Tu mundo es el de siempre. Y tu familia, también.

—Mi familia es una suma de mentiras.

—¿Hay alguna que no lo sea?

—No te pongas cínico.

—No lo soy. Solo te digo que la tuya solo es otra familia más... Todas tienen secretos. Cada una a su manera. Pero tú te estás agarrando a tu historia para...

—Sigue. A ver, Nico, ¿para qué?

—Da igual.

—Dilo.

—Creo que es tu forma de rebelarte contra lo de tu padre. No le has perdonado que se fuera y ahora has encontrado la excusa perfecta para machacarle.

—¿Así de simple?

—No es simple, Abril. No te estoy diciendo que sea simple. Te estoy diciendo lo que veo... Solo eso.

—¿Y tú?

—¿Yo qué?

—¿Que si me vas a contar lo que sea que te pasó el otro día?

—¿Qué día?

—Me desesperas cuando te haces el tonto...

—Es que no sé a qué te refieres.

—Venga ya, Nico...

Desde que descubrió que era gay, nunca ha tenido problemas para hablar del tema. Fue un proceso complicado, me consta, porque la fase del «no estoy seguro» duró casi dos años. *No estoy seguro, no sé lo que me gusta, a mí es que me van las personas...* Cuando se decidió a romper el armario —porque lo suyo, más que una salida, fue una demolición—, tuvo suerte. En su casa lo entendieron bien y a sus amigas nos pareció estupendo. ¿Por qué tenía que parecernos de otro modo? Hasta ahora nunca le había visto reaccionar como el otro día, así que no entiendo bien qué puede haberle pasado para que convierta en un drama lo que para él es algo ya más que natural.

—Hay mucho que no sabes, Abril.

—Pues cuéntamelo.

Y Nico tiene que esforzarse por mantener la voz firme, porque se le quiebra cuando me habla de situaciones que yo desconocía. No porque sea una ingenua, sino porque daba por sentado que eso no le había sucedido a él. Yo lo habría notado. Yo lo habría visto. Pero el *yo* se me rompe en pedazos cuando me doy cuenta de que esta guerra cotidiana es más sutil. Son pequeños momentos, palabras, miradas, gestos de desprecio que Nico me describe y que lleva demasiado tiempo tragándose. Tolerando.

—Lo peor no es eso... Lo peor es la impunidad. Que nadie haga nunca nada. Que nadie diga nada. Por eso salté. Por eso y por...

—Sigue.

No le gusta hacerse la víctima, así que su relato es caótico y poco descriptivo. Algún ejemplo en clase. O en el pasillo. Un «maricón» escrito con Edding negro en su mochila. Un comentario en los vestuarios. Un empujón que finge no serlo en el pasillo. Escenas en las que ni Marina ni yo hemos estado presentes y que, según el día, han podido machacarle demasiado la autoestima.

—Sería más cómodo si no lo viviese de este modo. Si me ocultase... A veces me ha dado por pensar que la culpa es mía. Que de algún modo soy yo quien debería aprender a adaptarse. Sobrevivir... Darwin, ya sabes.

—Eso es una gilipollez. ¿Vivir a oscuras?

—Sí.

—El amor solo se puede vivir a plena luz.

—Hay gente a la que le va mejor escondiéndose.

—¿Hablamos de gente en general... o de *gente*?

Está claro que se refiere a Hugo. Intuyo que su reacción del otro día tiene que ver con algo que le haya dicho. O que haya sucedido. Algo que le reconcome y que no sé si va a querer soltar. Suena, siempre inoportuno, el timbre que pone fin al recreo. Toca volver a clase.

—Pasó algo, ¿sabes?

—¿Algo cuándo?

—El otro día, Abril. Después de clase... Estábamos solos en el vestuario. Y... Solo fue un morreo. Nada más.

—¿No era eso lo que querías?

—Sí. Y creía que él también pero...

—¿Qué pasó?

—Nos besamos. O se dejó besar. Eso ya no lo sé... Luego me apartó y me dijo que no es como yo. «No soy como tú», eso me dijo.

—¿Y tú le crees?

—No. Pero eso de ser el deportista estrella del instituto pesa lo suyo... ¿Sabes que si todo le va bien este año, tiene opciones reales de irse al fútbol profesional?

—Ni idea.

—Pues las tiene. Y eso pesa. Su imagen pesa mucho.

—A lo mejor te equivocas.

—Lo dudo.

Estamos a punto de entrar en el instituto otra vez cuando alguien se acerca corriendo hacia nosotros. Des-

encajado. Furioso. Con los brazos en alto y dispuesto a usarlos contra quien se interponga en su camino. Tardo una décima en ubicarlo. El sol me da en la cara y casi me cuesta reconocer sus rasgos. Solo distingo una robusta silueta de complexión atlética, pero no tengo ninguna duda de quién se oculta bajo esa musculatura y esa expresión de odio.

—¿Qué es lo que has ido diciendo por ahí? ¿Eh? ¿Qué cojones has escrito?

No nos da tiempo a reaccionar. Me interpongo entre ellos pero Hugo me aparta, sin ninguna dificultad, de un manotazo. Nico ni siquiera responde. Es obvio que no tiene ni idea de a qué se refiere. Hugo le enseña furioso su móvil:

—¿Se puede saber quién te ha dado derecho a hacer algo así? ¿Y de dónde ha salido esa foto? ¡Joder!

En la imagen se les ve claramente a ambos, enlazados y dándose el beso que Nico acaba de describirme. Los fuertes brazos de Hugo se anudan con idéntica intensidad al cuerpo de Nico y parecen desmentir sus palabras.

Aquel «no soy como tú» es la antítesis de lo que, en esa fotografía, expresan sus cuerpos.

—¡Pero cómo iba a hacer yo esa foto!

—La has colgado en tu Facebook. ¡Mierda!

—¿Yo?

No entiendo nada. Ni cómo es posible que Nico consiguiera una imagen de ese momento, ni qué ha podido pasarle para enloquecer de ese modo. ¿Tan despechado se sentía que ha tenido que vengarse haciéndola pública? Me cuesta creerlo. Lo conozco bien y sé que no es capaz de algo así. Hugo, sin embargo, no piensa lo mismo.

—Te voy a matar, cabrón.

Grito un «¡Déjalo!» que es ahogado por el segundo timbre. Nadie oye nada. Nadie ve nada. Y Hugo, cobijado en el ruido, alza el brazo contra Nico.

¿Circular?

¿La vida y la muerte encerradas en un mismo círculo?

No lo entendía. Ya no. Tras lo ocurrido, Xalaquia tenía la sensación de que no había más que caminos sin retorno. Senderos que escogemos y que nos conducen a lugares donde jamás encontraremos una posible vuelta atrás. Sus acciones ya no parecían tenerla. Y las que vinieran después, seguro que tampoco permitían esa anhelada circularidad.

Sentía su alma convulsa, con sus tres identidades en pugna. Una batalla en la que su Tonalli, el alma que se situaba en la cabeza, le exigía tomar decisiones urgentes; Teyolia, el alma que residía en su corazón, le pedía tomar fuerzas para afrontar lo que aún estaba por suceder; e Ihíyotl, la más visceral de las almas, la que se encontraba en el mismísimo hígado, quería que gritase el dolor y el desgarro que estaba sintiendo en ese mismo instante.

—No merecía morir... No por esto.

Se preguntaba si alguna vez vencería el fantasma de la culpa. Pero sabía que no había conjuros ni magia suficiente para borrar el peso de los remordimientos. La muerte de aquel joven se ceñiría sobre su cuerpo como un ropaje más, vestiría su desnudez y bañaría sus tres almas —su Tonalli, su Teyolia, su Ihíyotl— con el mismo rojo, con la misma densidad de una sangre demasiado joven como para haber sido derramada tan injustamente.

La lucha había sido violenta y rápida. Apenas pudo ver cómo se enzarzaban ambos guerreros en un combate cuerpo a cuerpo en el que sus músculos se marcaban con tanta violencia como sus miradas, llenas de un odio casi atávico. Un odio que nacía del pasado, que hundía sus raíces en una tierra donde no habían sabido encontrar un lugar en paz y que ahora les devolvía con aliento telúrico toda la rabia de sus dos pueblos.

Tezcatl y Ocelotl habían combatido como si aquella lucha fuese algo más que un combate singular: no había más posibilidad que morir o matar, porque la vida se jugaba allí mismo, la suya y la de su gente, la fama y el honor de dos pueblos hermanos y que, sin embargo, volvían a hundirse en la venganza y en el rencor.

Fue un movimiento rápido. Seco. El cuerpo de Ocelotl logró desviar el puñal de su enemigo. Sus brazos se hicieron fuertes alrededor del cuello de Tezcatl. Y después, solo el crujir de huesos y el cuerpo del adversario que se desploma, sin vida, sobre el suelo. Cuando los hombres de Tezcatl corrieron a socorrer a su líder ya era demasiado tarde y todos, uno tras otro, sufrieron con él la misma suerte.

Xalaquia, paralizada ante el horror repetido de la muerte, volvió a ver ante sí las imágenes del guerrero al que había liberado tiempo atrás. El guerrero que despedazaba a sus rivales sobre la rueda giratoria y que ahora, libre de ataduras, vencía aún con mayor facilidad a los jóvenes que se lanzaban contra él. En sus gritos pudo reconocer a los amigos de su propio hermano, veía en cada una de las víctimas a una de las personas que habían crecido a su lado y que perdían la vida a manos de un gue-

rrero salvaje y violento que se hallaba allí gracias a ella.

No cabía círculo alguno en la tragedia. Nada devolvería la vida a Tezcatl. Nada salvaría de la muerte a esos jóvenes anónimos para su asesino y que, para Xalaquia, sí tenían nombres —y mundos— propios. Todos yacían en el suelo. A sus pies. Todos eran el testimonio de lo que había logrado con su huida y su plan de una alianza imposible. ¿Cómo podría volver ahora a su pueblo? ¿Qué le diría a su padre?

El anciano Ohtonqui no sería capaz de perdonar algo así, si es que alguna vez podía llegar a disculpar su desaparición. No había modo alguno de cerrar ese supuesto círculo. El presente acababa de convertirse en la negación de cualquier futuro y había roto todos sus lazos con el pasado. Estaba sola, en una isla de la que nada ni nadie podría sacarla. Ahora no. Ahora tenía como único compañero de infortunio a un hombre al que odiaba. Un salvaje que había dado muerte a cinco de los suyos.

—¡Aléjate de mí!

—¡Eran ellos o yo!

—¡He dicho que te alejes!

Ocelotl permanecía impasible. Inmóvil y triunfante sobre los cuerpos de los guerreros que acababa de asesinar. Xalaquia, incapaz de seguir contemplando aquella macabra escena, comenzó a caminar sin saber hacia dónde. Solo necesitaba salir de allí, sentirse fuera de aquel lugar en el que había encontrado justo lo contrario de lo que buscaba. Cuando dejó de ver y sentir la presencia de la muerte junto a sí, se detuvo. Intentó respirar. Calmarse. Buscaba respuestas pero solo halló preguntas. ¿Cómo iban a hablar ahora de paz? ¿Qué clase de mensaje podían dar si estaban los dos cubiertos de la sangre de sus víctimas? Xalaquia pidió consejo a los dioses mas, como se temía, solo obtuvo silencio. Decidida a seguir su camino en soledad, volvió para comunicárselo a Ocelotl.

Cuando llegó hasta él, lo sorprendió sepultando con una solemnidad sobrecogedora el cuerpo de sus enemigos.

—Los recibirá Huitzilopochtli en su Casa del Sol. Allí se los acogerá con júbilo, pues murieron con honor en la batalla.

Le dio la espalda a Xalaquia y continuó, solo y riguroso, con el improvisado ceremonial. Todos habían arriesgado la vida. Todos merecían un final honroso. Y todos, si sus dioses decían la verdad, volverían desde la Casa del Sol a recobrar la vida en ese círculo sin fin de la existencia. Ocelotl quería creer que, cuando llegara su hora, alguien haría lo mismo por él. Que su cuerpo sería dispuesto con los honores que su rango le hacía merecer y que, cuando acabase su tiempo entre los vivos, alcanzaría los jardines de la Casa del Sol.

Aquella solemnidad desconcertó a Xalaquia y le hizo volver a vislumbrar en él al hombre en quien había creído poder depositar sus esperanzas cuando lo descubrió por primera vez. Ahora le resultaba difícil mantener esa fe pero decidió creer en sus palabras, en su honor guerrero, en esa seguridad de que el Sol recibiría con júbilo al malogrado Tezcatl y a sus compañeros. Prefirió creer en el

círculo, en la repetición, en que la vida se prolongaba en la muerte y viceversa.

De pronto, sumida en esa repetición que la sangre amenazaba con romper tuvo —al fin— una certeza. Debían abrir ese círculo si querían que sus pueblos se uniesen contra el verdadero enemigo. Y para eso solo había un medio posible, tan peligroso por sus consecuencias como por lo que pudiera traer consigo: los malinalli. Era necesario abrir la puerta que conectaba pasado y futuro, hombres y dioses. Una puerta que nunca antes había abierto una mujer y, mucho menos, alguien tan joven como ella. Quizá Xalaquia sí sería capaz de abrirla, pero para ello debería recurrir a uno de los conjuros de fusión, uno de esos complicados hechizos que, según los chamanes, tenían el poder de abrir los malinalli.

Sabía que las artes de la fusión eran, junto con las de la metamorfosis, las más complejas. La principal diferencia entre ambas consistía en la forma de deshacer el hechizo, pues mientras que la metamorfosis dependía de la voluntad de quien realizase el conjuro, las fusiones solo podían romperse si intervenía alguien más: solo una persona ajena al hacedor del conjuro y que, sin embargo, tuviese algún tipo de nexo con él podía devolver el orden al caos provocado por la magia. Rara vez se habían usado estas artes de fusión que, desde sus orígenes, parecían exclusivas de los dioses y estaban asociadas, por su particular naturaleza, a los secretos malinalli.

Todos los chamanes sabían que resultaba peligroso dejar el propio destino en manos de alguien a quien ni siquiera se conocía, de modo que solo una situación extrema podía justificar un conjuro tan peligroso como aquellos. Entregar su futuro a alguien extraño que habría de hallarse en otro lugar —y, quizá, en otro tiempo— era lo que más miedo le daba a Xalaquia. Y aun así... Miró a Ocelotl, que seguía con su ritual. No había otra salida: tlaxcaltecas y aztecas los necesitaban.

15

—Sabes que lo vamos a averiguar, ¿verdad?

Claro que lo sabe, pero no habla. Y yo, que no soy quién para decirlo, hago lo mismo. Nico ha preferido no contarles ni a la directora ni a la jefa de estudios lo que ha pasado. No creo que Hugo se merezca su silencio, pero tampoco me siento en posición de juzgarlo. Si es lo que ha decidido, lo respeto. Por mucho que me duela verle magullado por la cobardía de alguien que no tiene el valor que Nico sí posee.

—¿Nos vas a decir quién te ha hecho eso o no?

Silencio.

—¿Tú tampoco, Abril?

Los dos callamos y Nico recibe el parte de expulsión sin abrir la boca. Un día en casa como sanción no sé si por la violencia (recibida) o por el silencio (activo). Sea como sea, no es el castigo ni el ojo morado lo que le duele. No son las heridas físicas las que le hacen romper a llorar cuando conseguimos alejarnos del instituto.

—Es una mierda, Abril... Todo es una mierda.

Quiero decirle que no, pero este año no veo demasiados motivos para contradecirle. Pienso en la bronca con mis padres. En el correo de Iván. En lo que acaba de suceder hace nada entre Nico y Hugo. Pienso en las pesadillas que me roban el sueño desde hace meses. En cómo todo se nos está yendo, poco a poco, de las manos y me veo sin argumentos para explicarle a Nico que todo merece la pena. Que Hugo es solo uno más. Que estas cosas pasan... Me da asco la simple idea de caer en una justificación tan infantil (¿cómo que «estas cosas pasan»?) y prefiero dejar que hable. O que llore. O que haga lo que tenga que hacer, pues el tío del que está enamorado le ha partido la cara porque se odia a sí mismo y ante tanta impotencia y tanta rabia no creo que haya gran cosa que decir.

—Al menos no te han dejado sin viaje... Podrían haberlo hecho.

—Ya.

Y eso sí que habría sido una catástrofe. Sin Nico, yo también habría desertado. Y no es que no me apetezca compartir la experiencia con Marina. O incluso seguir conociendo, en las calles de París, a Iván. Pero es que son unos cuantos años soñando con visitar esa ciudad junto a Nico. Esa o cualquier otra, en realidad. Porque los dos sabemos que somos nómadas y que acabaremos viajando de un lado para otro. Que esa es la vida que realmente queremos. Una vida que no sé si los demás entienden pero que es la que nosotros hemos decidido que vamos a tener.

—¿Y la foto?

—No he sido yo.

—Pero ¿cómo...?

—Ni idea, Abril. Alguien quería que sucediera esto...

—¿Con qué objetivo?

—¿Alejar a Hugo de mí? Al menos, eso es lo que han logrado...

—¿Y quién pudo veros?

—Estábamos solos.

—¿Seguro?

—Sí. Todos se habían marchado ya.

—¿Quién salió el último? A lo mejor fue él quien hizo la foto.

—No sé, la verdad.

—Venga, Nico, haz memoria.

—¿El último? Pues...

No sé por qué pero intuyo su respuesta.

—El último fue Iván.

Me lo temía.

Zeltzin

Cuando Zeltzin lo vio regresar, respiró aliviada. La inquietaba que algo le hubiera sucedido a Izel en aquella expedición a la que Ohtonqui le había enviado; no creía al viejo chamán capaz de afrontar la pérdida de otro hijo.

En ausencia de Izel, ella había contestado a todas y cada una de las preguntas del anciano, con paciencia, intentando no sentirse presionada por el incansable interrogatorio de las familias de Tezcatl y Xalaquia. Todos querían saber dónde se ocultaba su mejor amiga y nadie parecía creer en su ignorancia sobre la huida.

No les mentía. Xalaquia nunca le confesó sus intenciones ni compartió con ella aquel descabellado plan que había sumido a su padre en una profunda tristeza. En cierto modo, también Zeltzin se sentía traicionada por la persona a quien había creído tener más cerca de su corazón. Si la amistad no iba unida a la confianza y a la verdad, perdía su sentido. Y ninguna de esas dos cualidades se habían demostrado entre ellas en los últimos tiempos.

Ella sí le había confesado a Xalaquia lo que empezaba a sentir por su hermano. Sí le había contado cómo pedía a sus dioses que sus padres la prometiesen con el hijo de Ohtonqui, que entregaran a su Zeltzin al valiente Izel para que ella pudiera formar parte de ese mundo único al que aludía su nombre. Un nombre que intuía apasionado en las noches y protector en los días. Un nombre que la arrastraba hacia un amor que solo Xalaquia conocía y que, de no consumarse, la convertiría en una mujer profundamente desgraciada.

Ohtonqui recibió el regreso de su hijo con alegría y escuchó alarmado las noticias que este y sus hombres traían. Zeltzin, que no deseaba alejarse de él ni un segundo, lo espiaba desde una prudente distancia, escuchando todas y cada una de sus palabras. La descripción de la matanza de Cholula, que Izel hizo con todo detalle, se grabó en su mente y contagiaría sus sueños durante muchas noches. El horror de la muerte se hacía presente en las palabras del guerrero y llenaba de preocupación a su padre, que movía la cabeza en señal de clara desaprobación.

—¿Por qué Tezcatl no ha regresado contigo?

—Quería encontrar a Xalaquia.

—¿Olvidó que necesitamos su brazo y su valor ahora más que nunca?

—Recordó que mi hermana también necesita ese mismo valor. Algo terrible podría haberle ocurrido.

—Y sería su responsabilidad. Ella lo eligió así.

—Pero, padre...

Ohtonqui se dio la vuelta con brusquedad, dejando clara su falta de interés en cualquier excusa que Izel pudiera argumentar a favor de su hermana. Nada le iba a persuadir de la irresponsabilidad de su hija. Y nada iba a ocupar su mente ahora que su pueblo lo necesitaba más lúcido que nunca. Debía hablar cuanto antes con los sacerdotes del Templo Mayor. Era preciso cumplir con lo acordado en el Consejo de los Cuatro y pedirles que preparasen los sacrificios y ritos necesarios para asegurar que la previsible entrada de los extranjeros en Tenochtitlan no terminaba como una matanza idéntica a la que acababa de describirle su hijo. ¿Qué seguridad tenían sobre las intenciones de aquellos hombres? ¿Qué les impedía repetir, de nuevo, sus infames acciones contra las gentes de Cholula?

Los sacerdotes escucharon las palabras del anciano con atención. Como miembro de una de las familias más respetables de Tenochtitlan, Ohtonqui contaba con el respeto de la comunidad. Solo la huida de su hija había empañado aquella fama que le precedía desde siempre, pero el rigor que había demostrado al negarse a defender la conducta de Xalaquia era —según sus vecinos— una prueba más de su honor y de su ecuanimidad.

Tras escuchar por boca del chamán el relato de los hechos acaecidos en Cholula, los sacerdotes dispusieron el sacrificio ritual de un grupo de prisioneros que habían mantenido cautivos desde su última expedición en territorio tlaxcalteca. Los tlamacazque, encargados de servir a los dioses con rituales en los que les devolvían energía y vida gracias a la muerte de nuevas víctimas, decidieron que era necesario llevar a cabo un sacrificio múltiple para aplacar su ira.

Además, aún había quienes mantenían dudas sobre la identidad humana o divina de los extranjeros. Su rey y señor, el gran Moctezuma el Joven, había expresado su incertidumbre y su inquietud al respecto y, siendo —como era— un gran estudioso de las señales divinas, no se podían obviar sus sospechas. ¿Y si se trataba, en realidad, de dioses que regresaban a cobrar de los aztecas los sacrificios realizados tiempo atrás? A fin de cuentas, eran los mismos dioses quienes, en el principio de los tiempos, se habían arrojado al fuego, abrasándose y entregando su vida en esa hoguera, para convertirse en los soles que hoy los alumbraban. De ellos venía la luz; de ellos, la vida; no era de extrañar que tanto tiempo después hubiesen cumplido la palabra del rey-dios Quetzalcóatl, y quisiesen ahora reclamar parte de cuanto habían dado hasta la fecha.

Ninguno de los sacerdotes se opuso y seis de ellos se encargaron de oficiar el sacrificio de más de veinte hombres. Tumbados, uno a uno, sobre la piedra sacrificial del Templo Mayor, siguieron el ritual con la solemnidad acostumbrada. Huitzilopochtli, el gran dios del sol, era el destinatario de aquella ofrenda de sangre, en la que los tlamacazque extraían el corazón de cada uno de sus prisioneros y se lo ofrecían, como signo de vida, a su dios. Vida que habría de alimentar a Huitzilopochtli mientras el cuerpo prisionero, ya sin el corazón, era desmembrado y arrojado desde el peldaño más elevado de la pirámide. Abajo, Ohtonqui aguardaba junto con otros veteranos ancianos de linajes tan nobles como el suyo, pues debían entregar aquellos pedazos a los parientes del captor de cada uno de los sacrificados. La inusual repetición del sacrificio provocó la inquietud general: todos fueron conscientes de que algo terrible se avecinaba aun cuando nadie les quisiera hablar de ello.

Zeltzin observaba, refugiada entre la multitud, el sacrificio de aquellos jóvenes tlaxcaltecos y sentía, al ver sus corazones aún palpitantes en las manos de los sacerdotes, una tristeza infinita y extraña, una angustia que hasta entonces no conocía y que la huida de Xalaquia había despertado. Antes todo era distinto, pensaba. Antes lo veía todo de modo más sencillo. Más evidente. Pero los límites se habían roto desde que su mejor amiga había decidido cruzarlos y ahora no estaba segura de entender cuanto la rodeaba. Ni de querer ser parte de ello...

La presencia de Izel, que se situó a su lado mientras se sucedían las muertes rituales, la sacó de su ensimismamiento. Tuvo la tentación de abrazarlo y dejarse proteger por el cuerpo de aquel hombre al que había soñado tantas noches. Pero no lo hizo. Se mantuvo digna y firme, fingiendo una dureza que no sentía y temiendo que se quebrara en cualquier momento. Sin embargo, resistió firme la visión de todos y cada uno de aquellos sacrificios, mientras rezaba a Huitzilopochtli no solo por el futuro de su pueblo, sino por las almas de aquellos jóvenes guerreros que nada habían hecho, salvo estar en el lugar y el instante equivocados...

Zeltzin no se quebró. Aun cuando tuvo que poner toda su voluntad en ello, no necesitó refugiarse en Izel, ni en ningún otro hombre de los allí presentes. Asistió —tragándose las lágrimas— a una ceremonia que preludiaba el inicio de tiempos sanguinarios y oscuros.

Zeltzin acababa de descubrir que su nombre, «la Delicada», no era más que la máscara que ocultaba su verdadera identidad.

La fortaleza.

16

—No sabía si ibas a venir, Iván.

—¿Y por qué no?

—¿Aún no has hablado con Nico?

—¿De qué?

Es obvio que no miente. Le cuento la historia de la maldita foto y se limita a encogerse de hombros. Ni se le ocurrió hacerla ni habría pensado nunca en colgar algo así... Y yo le creo. No sé por qué. Pero le creo. Quizá porque he leído un par de veces su *email*. Porque me parece que hay que ser muy valiente para escribir algo como eso. Porque no puedo evitar mirarle de otro modo desde que sé que me ha considerado digna de compartir algo tan íntimo.

—¿Y tú?

—¿Yo?

—Leí tu correo...

Evita el tema y, con la excusa de buscar algo de beber, se pierde en la fiesta. La casa de Nico está llena, como de costumbre. Marina se restriega desde hace horas con Raúl en el mismo rincón del salón y Nico se ha decidido a jugar a no sé qué movida en la que quien pierde (que, curiosamente, es siempre él) se bebe un chupito.

—Deberías parar.

—Abril, venga, no seas aguafiestas.

Y para no serlo, me callo y me alejo. Disfruto de la música, Nico tiene buen gusto como DJ. Me muevo a ritmo de Franz Ferdinand y su «Katherine Kiss Me» mientras busco sin suerte a Iván y veo que Marina intenta alejarse por un momento de Raúl. No sé si es exactamente así, porque la música está a todo volumen —me encanta esta canción— y no me permite oírlos. Además, en medio de toda esta gente que apenas conozco (¿por qué es necesario que Nico invite a medio instituto en cada fiesta?) me resulta difícil observarlos.

—Te estaba buscando.

—Y yo a ti.

Iván retoma la conversación evitando el tema que yo pretendía sacar antes. Se enreda con la fotografía de Nico y lo relaciona con los mensajes, los correos y todo lo que ha estado pasando estas semanas.

—Sea quien sea, solo nos necesita a nosotros.

—¿Nos necesita? ¿Para qué?

—No lo sé. Pero está claro que Hugo era un estorbo y por eso ha colgado la foto.

—Venga ya…

—Piensa en quiénes hemos recibido los versos del último poema. Está claro que esto tiene que ver solo con nosotros. Con los cuatro.

—¿Pero tú qué has bebido?

—Puede que sea un simple juego, Abril. Una especie de acertijo.

—No sé.

—¿Se te ocurre alguien que podría estar divirtiéndose con todo esto?

—Ni idea.

Le sigo el juego, pero en realidad me gustaría cambiar de asunto. Hablar de su correo... Él lo evita. No quiere volver sobre ello. Hoy ha regresado a su mirada ese halo de tristeza que, la primera vez que lo vi, confundí con arrogancia. Un velo de melancolía que esta semana se ha ido haciendo cada vez más denso. Cada vez más profundo. Como si hubiera en él un dolor del que no puede deshacerse y que le devora lentamente.

—¿De verdad estás bien?

—Abril, ya te he dicho que...

—Me has dicho que no quieres hablarlo.

—Exacto.

—El silencio no te ayuda.

—¿Y hablarlo sí? Hablarlo no va a hacer que él vuelva, ¿sabes? Hablarlo no sirve una mierda. Así de claro.

Está rabioso. No contra mí, lo sé. Pero prefiero provocarle para que pague conmigo lo que sea que le ronda por la cabeza. Debe de ser difícil estar en su piel. Asumir la ausencia de alguien a quien querías y el tormento y la culpa de unos padres que buscan en ti lo que ya no encontrarán jamás de él. No sé si es eso lo que siente, pero es —por lo menos— lo que yo he deducido de su correo. Intento decirle que no es el único que se siente abrumado, que a mí la relación con mis padres tampoco me parece ya tan fácil, que no puedo dejar de pensar que me han robado una parte de mí durante todos estos años y que me está costando perdonarles por su falta de sinceridad. O de confianza. Le quiero contar que es un asco darte cuenta de que has idealizado como héroes a quienes no eran más que personas y que me cuesta resignarme a cambiar esa imagen de entonces por la cobardía y la mezquindad que encuentro ahora.

—No es lo mismo.

—No estoy diciendo eso.

—¿Y entonces?

Le pido que se calle un segundo. Iván me mira sin entender nada y yo escucho la música que suena ahora mismo en la habitación. *When you try your best...* Otra vez. *But you don't succeed... Lights will guide you home...* Esa canción.

—La escuchamos aquel día juntos, ¿te acuerdas, Abril?

Claro que lo recuerdo. Recuerdo que no entendí por qué sonaba en mi iPod. Que estabas a mi lado. Que me dijiste que te encantaba Coldplay. Que entonces aún pensaba que eras un soberbio. Y un arrogante. Y un... Y pensé todo eso porque no fui capaz de interpretar esa mirada triste que ahora amenaza con hacerme perder el control. Y eso no lo soporto. No me gusta no saber hacia dónde voy. Ni con quién.

A ti no te asaltan esas dudas. Y si lo hacen, las apartas. Alejas los interrogantes y te acercas a mí. Despacio.

Con una firmeza calculada. Y suave. Sabes que si aceleras el ritmo, seré yo quien abandone el vagón. Que jamás empezaremos ningún viaje. Por eso llegas a mis labios al ritmo de la música, sin apresurar el trayecto, dejándote caer sobre ellos en el momento justo, durante los últimos acordes de una canción que —me temo— ya es nuestra. Porque no sé cuánto durará esto que han empezado hoy tus labios —la culpa es de ellos, de cómo se mueven sobre los míos, de tus manos rodeando mi cintura, de mis manos subiendo por tu espalda—, no, no sé cuánto va a durar, Iván, pero sé que ese tiempo estará tan cargado de significado como este instante.

—¡Suéltame de una vez!

Ángel, uno de los amigos de Nico habituales en estas fiestas, corre a separarlos. A mí ni siquiera me da tiempo a reaccionar y, cuando lo hago, veo que Ángel tiene bien sujeto a Raúl mientras Marina se recompone la ropa y se aleja de él.

—Pero ¿qué ha pasado?

No responde. No dice nada. Está desencajada y se marcha corriendo, cargada de rabia y dignidad —sin derramar una sola lágrima— mientras todos miramos. Intento salir tras ella, pero Marina me detiene con un simple gesto. Quiere irse sola… Y eso lo respeto. La fiesta se interrumpe durante unos minutos y solo el grupo del juego de los chupitos, donde Nico sigue perdiendo, se mantiene ajeno a lo que acaba de suceder.

—Eres un mierda —Ángel coge a Raúl por los hombros y lo empuja hasta la puerta—. Lárgate de una vez.

Raúl se marcha a regañadientes, insultando a todo el que se cruza por su camino y lanzando amenazas estúpidas.

—Abril, ¿no deberíamos hacer algo?

Iván señala a Nico, que cada vez pierde más el control y da síntomas de haber bebido demasiado. Asiento y nos acercamos a él, pero nos rechaza sin hacernos el más mínimo caso. Ángel, que también se ha dado cuenta, nos hace un gesto desde el fondo del salón para pedirnos que se lo dejemos a él. No sé hasta qué punto va a poder hacer algo, pero pronto descubro que el nombre de este chico es poco menos que profético. Cada vez tengo más claro que los nombres nunca son casuales... Quizá, por eso mismo, odio tanto el mío. Porque no es más que un estúpido mes. Nada que suene tan bien como Ángel. Nada que prometa que algo va a suceder. O que está sucediendo ya.

Él susurra unas palabras a su oído y Nico se ríe con ganas. Mira a su interlocutor y, como por arte de magia, se deja llevar hasta la puerta de la calle, donde Ángel le invita a salir con la intención de que le dé un poco el fresco. Nico accede y, ahora que está en buenas manos, le propongo a Iván que abandonemos la fiesta y hagamos algo por nuestra cuenta.

—¿Nos vamos?

Iván ni lo duda y los dos nos alejamos de allí en busca de otro sitio. El dónde nos da igual, cualquier lugar donde no pidan el carné y haya buena música nos sirve. Mientras buscamos suena su móvil y, no sé por qué, intuyo que es un texto del anónimo emisor habitual... Por supuesto, no me equivoco.

—*Cuatro.*

—¿Es todo?

—Sí. En nuestro grupo somos cuatro... ¿O no?

Asiento.

Iván, Nico, Marina y yo. Está claro que quien nos escribe nos observa y sabe mucho de nosotros. Incluso, eso parece, nos ha contado.

—Pues me da que antes no estaba tan equivocado...

—¿Pero quién nos necesita a los cuatro, Iván? ¿Y para qué?

—Para lo que sea que está tramando.

—Voy a volverme loca...

—Abril.

—¿Sí?

—Quiero pedirte algo.

—Di.

—Que hoy nos olvidemos de todo por una sola noche... De los mensajes anónimos. De nuestras familias. De los estudios. Todo olvidado, ¿vale?

—Por mí perfecto.

—Hay noches que deberían durar toda una vida.

—Hagamos que esta sea una de ellas.

No sé a qué hora voy a llegar hoy a casa después de que cante, baile y viva todo lo vivible junto a Iván en cuanto encontremos un local abierto. Solo sé que hoy quiero ser una de esas aves que, como en los versos que me envió mi secreto remitente, se vuelven fuego. Necesito incendiar el cielo con mis ganas de ser. De serlo todo.

Y de serlo ahora.

Xalaquia

 Demasiado tarde.

Nada había impedido a los extranjeros reunirse aquel 8 de noviembre de 1519 con el mismísimo Moctezuma, que los recibía con honores acompañado de los señores de Tacuba, Iztapalapa, Texcoco y Coyoacán y secundado por más de doscientos hombres. Escondidos entre los árboles, Xalaquia y Ocelotl eran testigos mudos de aquel encuentro, espías de un hecho que habían deseado evitar y que, sin embargo, estaba sucediendo en ese mismo instante.

En Xalaquia luchaban el miedo y la rabia, la cólera por las muertes inútiles que había provocado en su intento por evitar aquel fatídico día y la tristeza por la intuición de todo cuanto estaba a punto de suceder. En su camino de regreso hacia Tenochtitlan había consultado los designios de los dioses y había encontrado respuestas que, lejos de tranquilizarla, avivaban sus miedos. La sombra del rey-dios Quetzalcóatl, que se aparecía en sus sueños repitiendo siempre la misma frase, era la prueba más evidente de que todo cuanto estaba ocurriendo era un error.

«No soy yo», le decía. «No soy yo», y se alejaba de ella dejándola sola en un paraje desconocido, de pesadilla, donde las raíces de los árboles se desgajaban de la tierra y la atrapaban hasta devorarla y llevarla consigo.

Aquel sueño la obsesionaba y creía que la muerte de Tezcatl era la causa de tan insistente pesadilla. Merecía que la misma tierra que ahora lo cubría a él la tragase a ella. Eso era lo que querían decirle sus visiones... Pero aquel «No soy yo» del dios significaba que los suyos se equivocaban. Que Moctezuma no tenía razón cuando decía que los extranjeros podían ser los dioses anunciados por la profecía. «Volveré», les dijo Quetzalcóatl cuando, tras guiarlos en su peregrinación, sintió que los suyos le descuidaban... Pero su regreso no vendría jamás con la sangre de los niños y mujeres que yacían abandonados en Cholula.

Su paso por allí unas jornadas atrás había dejado a Xalaquia y Ocelotl terriblemente compungidos. ¿Lo sabrían ya en Tenochtitlan? La visión de los cadáveres que, cada vez más corrompidos por el tiempo, llenaban las calles de Cholula era la mayor expresión de cualquier horror imaginable.

Xalaquia estaba convencida de que sus dioses solo entendían la muerte si era el inicio de otra vida. Y aquellos extranjeros no pretendían cuidar más vida que la suya propia. ¿Cómo era posible que el emperador, en toda su experiencia y su sabiduría, no se hubiese dado cuenta?

—Es el fin...

—¿Quién es ella?

—¿Quién?

—Aquella mujer... La que está junto a su caudillo.

Los dos la observaron con atención y les impresionó la belleza y el aplomo de la joven, encargada de traducir las palabras de Moctezuma y Cortés. Ambos mantenían una conversación solemne y pausada, en la que cada frase se pronunciaba con cautela, siempre temerosos de lo que sus intervenciones pudiesen desatar en el oponente. Xalaquia y Ocelotl no podían escucharlos con claridad, pero sí adivinaron que se trataba de un encuentro aparentemente amistoso en el que ambos jefes parecían satisfechos de conocerse y se mostraban contrarios a la violencia.

—¿Y si estamos equivocados?

—No podemos olvidar lo que pasó en Cholula... Ni cómo se comportaron con los tuyos cuando os vieron por primera vez... Y ahora míralos. Mira cómo tus tlaxcaltecas le siguen sumisos.

—Somos sus aliados —los defendió Ocelotl.

—No sois sus aliados. Sois sus esclavos.

—A lo mejor somos nosotros dos quienes no vemos, Xalaquia. A lo mejor tú y yo estamos cegados por nuestros propios crímenes y por eso no podemos creer que sea posible el pacto que ahora mismo se está celebrando.

—No hay ningún pacto... La gente no cambia. Nadie lo hace. Bajo esa falsa apariencia de paz solo hay una verdad de muerte y de guerra. Nosotros hemos visto su auténtico rostro. ¿De verdad lo has olvidado ya?

Cortés acababa de hacer un movimiento en falso. No era más que un abrazo, pero los hombres que rodeaban a Moctezuma se interpusieron entre ambos. ¿Cómo era posible que aquel individuo a quien no conocían se atreviese a poner sus manos sobre el mismísimo tlatoani? Cortés supo reaccionar con inteligencia y retrocedió para evitar que se caldeasen los ánimos.

—¿Qué están diciendo, Xalaquia?

—No puedo oírlo.

—Espérame aquí.

—¿Te has vuelto loco?

—No te muevas.

Ocelotl se deslizó con agilidad y, sin ser visto, ocupó una posición desde la que era posible escuchar al menos parte de la conversación. Su cuerpo, fundido con la naturaleza, se volvió una vez más casi imperceptible y se esforzó por controlar la respiración de modo que nadie notase su presencia. Sus músculos, sin embargo, se contrajeron alarmados cuando se enteró de que Moctezuma invitaba a los extranjeros a entrar en la ciudad. Tuvo que contenerse para no gritar y alertarlos de sus verdaderas intenciones: de nada habría servido. Su pueblo, los tlaxcaltecas, acompañaban a las tropas de Cortés y se mostraban fieles a ellas. ¿Cómo era posible que hubieran olvidado las primeras afrentas? ¿Tan grande era el odio hacia los señores de la Triple Alianza? El rencor hacia Tenochtitlan, Texcoco y Tlacopan era comprensible, pero la situación requería medidas extremas y, en opinión de Ocelotl, aliarse con una fiera disfrazada de amigo no parecía la solución más acertada.

Nadie intuía la verdad. O, si lo hacían, preferían creerse las mentiras que les contaban quienes serían el final de cuanto habían construido y edificado. Tal vez se pudiera negociar, sí, pero desde una igualdad que, por lo que veía, ahora no era real. Se les trataba como a dioses. Como enviados de un destino superior del que estaba seguro que no formaban parte. Solo eran diferentes. De otro lugar, sí. De otro tiempo, no. El tiempo no era más que uno. Uno y múltiple. Uno y circular. Un tiempo en el que, como le había enseñado la venerable Yohualli, la vida y la muerte no eran más que estados diferentes de un mismo y eterno viaje. Puede que aquellos hombres hubieran atravesado otros lugares, que estuvieran en otras esferas, pero su realidad era idéntica a la de quienes allí los recibían. Moctezuma debía darse cuenta de ello. Y tenía que hacerlo antes de que fuera demasiado tarde...

—¿Te ha visto alguien?

—Tranquila, sé camuflarme bien.

—¿Y qué has oído?

—Van a instalar a los extranjeros en el palacio de Axayácatl.

—¿Estás seguro?

—Sí.

—Deberíamos...

—¿Se puede saber qué estás haciendo, Xalaquia?

La joven le había cogido la lanza y se internaba en la selva sin siquiera mirar hacia atrás. Ocelotl la seguía desconcertado, preguntándose qué nueva idea se le habría cruzado por la cabeza. Xalaquia no parecía escucharle, tan solo avanzaba a la carrera sin prestar atención a ningún posible peligro que pudiera salirles al paso. Por fin, se detuvo. Pidió a su acompañante que se callara y, sigilosamente, se escondió tras uno de los árboles que los rodeaban. Nunca había hecho algo así, pero sabía que esta vez lo conseguiría. Nada iba a detenerla. Nada en absoluto…

Apuntó con firmeza y acertó en el mismísimo corazón de un joven venado. Sintió cómo se clavaban los ojos del animal en sus pupilas mientras la vida lo abandonaba y pronunció un conjuro que, esperaba, sería el arma necesaria para ganar la guerra que estaban a punto de librar. El venado agonizó durante unos segundos y Ocelotl se mantuvo un tanto apartado, observando la escena con una mezcla de asombro e incredulidad. Hasta entonces siempre había sido ejecutor de la muerte, jamás su testigo, y el horror que tenía ante sí le parecía un espectáculo ajeno y doloroso. No se reconocía en quien blandía la lanza, sino en la mirada triste de quien la padecía. ¿Sería posible que su alma de guerrero, su agresivo Ihíyotl se estuviese debilitando? Quizá el destierro y la compañía de aquella mujer le habían arrebatado la fiereza y la rabia. O quizá se estaba haciendo antes persona que guerrero.

Xalaquia recitó las palabras secretas en un tono casi susurrante, tocando la piel de animal, sintiendo cómo se bañaban sus dedos en la sangre aún caliente del venado. Cerró los ojos y, mientras repetía el conjuro aprendido, deslizaba las manos por el lomo de su presa.

Mixcoatl, dios de la caza,
arco y flecha de un destino que no encuentra su centro,
que se busca en la sangre inocente que hoy te dedico,
ayúdanos a entender,
dibuja en nuestras manos las verdades ocultas,
la realidad que nos esconde
el tiempo
y los soles
y las lunas.

Danos los nombres del tiempo
y los nombres del fuego
que tus víctimas ya no sabrán jamás.

En el mismo momento en que sus palabras cesaron, sus manos comenzaron a moverse rítmica e incontroladamente sobre la piel del animal. Xalaquia mantuvo los ojos cerrados para dejar que su cuerpo actuase con libertad, permitiendo que sus dedos trazasen dibujos y símbolos sin pararse a pensar en su significado. La sangre componía un mensaje tan rojo en sus formas como en su sentido. Un mensaje que Xalaquia, cuando abrió los ojos de nuevo, ni siquiera necesitaba leer. Sus sueños estaban llenos de él. De todas y cada una de sus palabras...

—Necesitamos su piel.

Ocelotl había observado el proceso en un silencio respetuoso. La magia siempre le había parecido mucho más temible que sus armas: sabía cómo defenderse de los movimientos de sus adversarios, pero no de los hechizos de chamanes y brujas. Se acercó al venado y se hizo con la piel donde había aparecido el mensaje. Xalaquia le ayudó en la tarea con una frialdad casi espeluznante.

—Todavía necesito hacer algo más.

Ella le hizo un gesto para pedirle que se alejara de nuevo y él se limitó a recordarle que el tiempo apremiaba. Xalaquia asintió, pero insistió en que no podían irse de allí sin que llevara a cabo una última tarea. En pie, junto al venado, Ocelotl la escuchó recitar. Hablaba con él. Con la tierra que lo acogía. Comenzó a caminar en círculos en torno al cuerpo del animal mientras repetía una y otra vez las mismas palabras. Dos versos que llenaban el ambiente de una música siniestra y obsesiva. Una melodía desconocida que empezó a fundirse con el viento que se acababa de levantar. Las hojas, movidas por el aire, cubrieron el cadáver del venado hasta que, bajo los atónitos ojos de Ocelotl, lo hicieron desaparecer.

Solo somos tierra. Tiempo que se convierte en vida.
Hasta que la vida vuelva a ser arena. Y la arena, vida.

Arena. Nada más que eso quedaba del animal. Arena y hojas secas cubriendo el lugar donde había yacido su cuerpo.

—Ahora empezará de nuevo. En otro lugar... Y en otra forma.

—Debemos partir ya.

—Sí. Hemos de entregar este mensaje a quien sepa interpretarlo.

Nada más decir aquellas palabras, Xalaquia enmudeció.

Solo había alguien a quien su pueblo escucharía. Alguien a quien ella podía acceder y contarle todo cuanto había visto... Sí, su padre la oiría con atención y, quizá, incluso llegase a creerla. Pero para dar ese paso tendría que explicarle su huida, afrontar la ira del anciano que se creía deshonrado por la desobediencia de su hija y, mucho peor, habría de hacerle partícipe de sus vaticinios, se vería obligada a confesarle cómo había estudiado las artes de la magia a escondidas.

Tendría que contarle cómo cuando apenas era una niña se escapaba, cada mañana, para poder aprender a solas los misterios del nahualatolli, la lengua secreta. Era un don, sí, ella sabía que tenía un don, por eso siempre había podido escuchar la voz de todo cuanto la rodeaba. La voz del agua que bañaba Tenochtitlan, de los árboles que custodiaban sus fronteras, de las aves que surcaban su cielo. La naturaleza le había hablado desde que era una niña y sabía —sí, eso le diría al anciano Ohtonqui— que estaba obligada a conocer el significado de aquella voz. Los dioses así lo decidieron cuando le entregaron aquel regalo que la hacía diferente a las demás jóvenes de su edad. A todos cuantos conocía a su alrededor.

—¿Nos escuchará?

—Tendrá que hacerlo.

—¿Y Tezcatl?

—De él no diremos nada.

—¿Mentirás a tu padre, Xalaquia?

—No he dicho que tengamos que mentir. Solo que callaremos.

—La verdad siempre impone su voz de modo inesperado...

—Lo sé.

A una señal de Ocelotl, ambos jóvenes se deslizaron entre los árboles y partieron dispuestos a regresar al que antes fuera el hogar de Xalaquia, armados con una piel en la que se escribían los capítulos de su propia historia. Solo si conseguían al lector adecuado, podrían cambiarla.

17

Ya les he dicho todo lo que sé. De verdad... Está bien. Empiezo otra vez. Desde el principio...

Sí, fue este viernes, después de la fiesta en casa de mi amigo Nico. Estuvimos toda la noche caminando por Madrid... Los dos juntos, sí. Iván y yo.

¿Luego? Luego nos despedimos cerca de las siete y media de la mañana y nos fuimos a dormir.

No, Iván no me dijo dónde iba... Muy tarde, sí, ya lo sé... Pues claro que no, a mi madre no le pareció bien, pero ¿eso importa? ¿Saber cosas así les va a ayudar a encontrar a Iván? Además, a los dos nos daba igual lo que nos pudieran decir en casa. Ni siquiera miramos los móviles una sola vez para enviar el mensaje tranquilizador de costumbre. Solo queríamos olvidarnos de todos y disfrutar de una noche que nos merecíamos tener...

¿Que qué hicimos? Hablar. Reír (reírnos muchísimo). Caminar... Nada del otro mundo. No sé por qué tengo que seguir aquí, ¿por pasarme la noche hablando con un amigo? ¿Eso es alguna clase de delito? No, yo solo lo pregunto.

¿Que no me ponga cómo? Por favor, llevamos en comisaría casi una hora. Una hora para repetir lo mismo una y otra vez. Que no, que no sé nada...

Al final deciden que ya puedo irme a casa. Son ya las seis de la tarde del domingo e Iván sigue sin aparecer... Sus padres —se les ve realmente alarmados— nos dan las gracias y mi madre me lleva en coche a casa.

Ahora que nos hemos quedado solas, espero que se desahogue —apenas me dijo nada cuando me oyó entrar a las ocho de la mañana al volver de la fiesta— y me suelte un discurso sobre la responsabilidad, y sobre las obligaciones, y sobre todas esas cosas de las que me habla cuando quiere hacerme sentir culpable por haber hecho algo que, supuestamente, no debería hacer.

—¿De verdad no sabes dónde está?

Su pregunta me descoloca y yo niego con la cabeza. Miro mi móvil una vez más, por si Iván me hubiera escrito algo, pero solo hay una notificación de WhatsApp con un texto que, me temo, no puede ser de él...

—Abril... Sus padres están realmente preocupados.

—Si supiera algo, ya lo habría dicho.

—¿Y no se te ocurre dónde puede haber ido?

Me sorprende el interés de mi madre por alguien a quien ni siquiera conoce. ¿Se estará preguntando qué pasaría si la que hubiera desaparecido fuese yo? Me esfuerzo por reconstruir las conversaciones de esa noche y recuerdo que Iván hablaba de sus ganas de empezar de cero, de ser independiente. De cómo le asfixiaba sentirse tan preso del pasado. De la ausencia. Del dolor que había destrozado la vida de sus padres... Eso sí lo recuerdo. Pero en ningún momento dijo que se fuera a marchar de casa. Ni que planease desaparecer una semana antes de nuestro viaje a París, una de las pocas cosas que nos motivan en este curso.

—¿Quieres que lo busquemos, hija?

—¿Juntas?

—¿Por qué no?

No sé si quiero hacerlo. Y no por Iván, sino porque ahora mismo compartir más tiempo del necesario con mi madre se me hace algo difícil. Tengo muchas cosas que decirle y muy pocas ganas de hacerlo. No sé si me apetece explicarle cómo me siento y hasta qué punto sus mentiras son parte —y causa— de esos sentimientos...

—Te lo has puesto.

—¿El qué?

Mi madre apunta con su dedo índice a mi (¿lo puedo llamar mío?) brazalete. No digo nada, o quizás este silencio ya se encarga de decirlo todo, y opto por aceptar su oferta. Por qué no vamos a intentar dar con Iván. No perdemos nada por sumar esfuerzos con lo que sea que ya están haciendo sus padres y la policía.

—Muy bien, Abril. ¿Y por dónde empezamos?

En realidad, no tengo demasiadas ideas al respecto, así que reproducimos en coche el paseo que dimos la noche de la fiesta. Mi madre me deja que elija el itinerario y hasta la música que nos acompaña. Conecto mi iPod y le pido que suba el volumen cuando suena «Right Where It Belongs»... ¿Adónde se supone que pertenezco yo? ¿Adónde pertenece Iván? Quizá ese es el problema. A lo mejor Iván no se ha perdido. A lo mejor lo único que pasa es que, como en la canción de los Nine Inch Nails, se está buscando... Las calles de la ciudad, desde la música y bajo esta luz invernal, resultan confusas y lánguidas, como si alguien les hubiera robado la magia de esa madrugada. La magia que la marcha de Iván amenaza con romper.

—Creo que acaba de sonar tu móvil.

—Es Marina. Pregunta si hay novedades.

Le respondo que no y releo el texto que acabo de recibir hace unos minutos. Otro mensaje que, como todos los que me han ido llegando desde que arrancó el curso, no acabo de entender:

Danos los nombres del tiempo
y los nombres del fuego.

¿Cuáles son esos nombres? Sería estupendo, pienso, que entre ellos se escondiese también el nombre del paradero de Iván. Y lo sería porque no creo que sus padres merezcan sufrir más la tortura de su ausencia. Y porque yo, lo confieso, también empiezo a echarle de menos. Solo han sido unas horas sin escribirnos. Sin mensajearnos. No llega ni a dos días y parece que fuera una eternidad, como si el tiempo se hubiese multiplicado en su ausencia. Y a lo mejor lo ha hecho... A lo mejor cuando Iván habla de estas locuras suyas del tiempo que ya ha sucedido y de Hawking y de toda esa gente tiene algo razón. No sé. Ahora mismo solo sé que quiero que aparezca. Nada más.

—¿Algún otro sitio?

—Hemos mirado en todos los que se me ocurrían...

—Piensa.

—Lo hago. De verdad que lo hago.

—Son casi las nueve. ¿Quieres que hagamos una pausa y cenemos algo?

Entramos en una cafetería llena de gente y encontramos una pequeña mesa justo a la entrada del local. Mi madre pide solo un café y mueve la cucharilla de modo mecánico, sin pausa. Tiene la mirada perdida más allá del cristal que nos separa de la calle, como si estuviéramos encerradas en una pecera desde la que se puede observar la vida convulsa de esta ciudad.

—Te queda bien —dice mientras arriesga una caricia con la excusa de tocar el brazalete.

—Ya.

—No hemos hablado mucho estas semanas, Abril...

—Lo sé.

—¿Y quieres que lo hagamos?

Me encojo de hombros y doy un sorbo a mi Coca-Cola. No sé qué decirle. Hoy solo me salen monosílabos... En realidad, no estoy segura de querer hablarlo. Y menos ahora.

—Cuando quieras hacerlo, avísame.

Esperaba que mi madre me insistiese más. Que provocase la conversación que tenemos pendiente, pero me gusta que no lo haga. Lo agradezco de veras. Ahora mismo no quiero que me fuercen a explicarme, solo necesito que me den tiempo para que yo misma pueda hacerlo. Tiempo para reconstruir una película —la mía— en la que han surgido imprevistos giros de guion... ¡Eso es! Guion. Creo que acabo de tener una idea.

—¿Podemos irnos ya? Se me ha ocurrido algo...

—Claro, Abril. Dime dónde vamos.

Salimos deprisa y subimos de nuevo al coche. Le doy a mi madre una dirección, ella se dispone a seguirla sin preguntar nada y siento, de repente, la necesidad de cogerle la mano. Es un acto reflejo, casi imperceptible, y apenas dura unos segundos, pero noto cómo su mirada se empaña mientras mete la primera y arranca en dirección al destino que acabo de proponerle. Nos queda mucho por solucionar, pero puede que hoy hayamos dado con la clave de lo que nos pasa a las dos desde hace tiempo. Necesitamos aprender a compartir silencios más que a compartir palabras.

Vuelvo a conectar mi iPod a la radio del coche y esta vez dejo que suene el *Anywhere else* de Jungle Giants. Quiero creer que su estribillo *—cause I wouldn't want to be anywhere else—* es casi profético y significa que mis dos intuiciones son correctas. La primera tiene que ver con el paradero de Iván. La segunda, con los mensajes que no dejo de recibir. Espero no equivocarme con ninguna de ellas.

Zeltzin

—¡Has vuelto!

Zeltzin no sabía si mostrar alegría o rabia ante el regreso de su amiga. Alegría porque volvía a tener a Xalaquia junto a ella. Rabia porque aún se sentía traicionada.

—Baja la voz... No quiero que nos oigan.

—¿Quién está contigo? —su brazo señalaba al joven alto y corpulento que se agazapaba justo detrás de Xalaquia.

—Ocelotl. Es una larga historia.

—Tu padre te ha llorado en secreto...

—Lo sé.

—¿Y no tienes nada más que decir?

—Déjame que te explique...

—Tu hermano, tu padre, yo... Todos hemos sufrido tanto con tu marcha... Hemos temido tanto por ti...

—Por favor, escúchame.

Zeltzin habría querido decirle que no, pero el alma cerebral de su Tonalli fue vencida, una vez más, por el corazón vigoroso de su Teyolia. De sus tres almas no había duda de que la más fuerte era la de los sentimientos, tan testaruda como para perdonar el silencio y la huida de Xalaquia. Fueran cuales fueran sus motivos, ahora parecía necesitar su ayuda y no era algo que quisiera negarle. Cómo decirle que no a la persona con la que más momentos e intimidades había compartido desde que apenas eran unas crías. Además, estaba impaciente por hablarle de Izel, de cómo había conseguido arrancarle alguna mirada en los últimos días. Algo estaba naciendo y, si sus padres no se oponían, quizá hubiera un futuro para los dos. Xalaquia tenía que saberlo. Y se alegraría de ello. Seguro.

—Está bien. Habla.

Xalaquia le hizo un resumen atropellado de la situación. Demasiados hechos. Demasiados detalles incomprensibles. ¿Magia? ¿Sueños? ¿Profecías? Todo cuanto contaba parecía una leyenda que había improvisado para justificar su regreso. ¿Había una sola palabra creíble en aquel relato? Zeltzin se esforzó por entender lo que intentaba contarle, pero le resultaba todo demasiado lejano. Demasiado hipotético. ¿Qué motivos había en aquella historia de visiones y transformaciones inexplicables para poner en duda la voluntad del mismísimo emperador?

—Los extranjeros están a punto de entrar en nuestra ciudad, Zeltzin. ¿No te das cuenta de lo que eso significa?

—Los sacerdotes celebraron un sacrificio colectivo para que nada malo pueda sucedernos. Yo misma estuve presente.

—No bastará. Si no actuamos con cautela, los dioses no podrán defendernos. Ellos luchan a nuestro lado, no en nuestro lugar.

—¿Y qué quieres que haga?

—Necesito que hables con mi padre.

—¿Por qué yo?

—A ti te escuchará. Habla con él. O con mi hermano... Pídeles que sean precavidos, que convenzan a nuestros hombres de que tomen medidas para evitar que corra la sangre en Tenochtitlan. Quizá en un futuro sí sea posible que convivamos en paz con quienes ahora llegan, pero solo si no perdemos el control de nuestra propia tierra.

—¿Y él qué opina?

Ocelotl no abrió la boca. Temía decir algo que pudiera asustar a la joven. Xalaquia le había dicho que confiaba en ella para hacer llegar su mensaje y él no quiso poner en duda su decisión. Juntos habían llegado hasta allí. Y juntos continuarían su lucha.

—Deberías ser tú quien...

—No puedo. No querrá ni mirarme a la cara.

—Tienes que disculparte con tu padre, Xalaquia.

—No bastará.

—Tezcatl te está buscando.

Nuevo silencio. Tenso. Inacabable. Ocelotl temió, por un instante, que Xalaquia pudiera confesar la muerte de su prometido. Las interrumpió para evitarlo: nadie les ayudaría si se daba a conocer el crimen.

—¿Lo harás?

—No me creerán —respondió Zeltzin mirando con desconfianza a aquel desconocido.

—Toma —Xalaquia le entregó la piel del venado.

—¿Y esto?

—Entrégaselo a mi padre. Dile que...

—Pero ¿qué es?

—Solo dáselo.

—Querrá saber de dónde lo he sacado.

—Inventa algo.

Ocelotl les hizo una señal: alguien se acercaba. Xalaquia abrazó a su amiga y salió de allí tan rauda como pudo dejando a Zeltzin sumida en la duda y con una piel de venado en los brazos.

Zeltzin la desplegó con curiosidad, pero fue incapaz de entender su contenido, aquella colección de imágenes no tenía sentido alguno para ella. Sin embargo, intuyó que debía de ser algo importante. De algún modo, sentía que ahora todo dependía de ella... El futuro de Tenochtitlan —ese que, sin que Zeltzin lo supiese, se hallaba escrito en aquella piel— estaba en sus manos.

18

 Intuía que te iba a encontrar aquí, Iván. En el mismo lugar donde, sin saberlo, empecé de verdad a conocerte.

No ha sido fácil convencer a mi madre de que nos dejara solos y no avisara aún a la policía ni a tus padres. Le he pedido solo unas horas más. «Dame hasta mañana lunes», le he dicho. Y ella ha accedido. No sé si lo hace porque cree de verdad en mí o solo para intentar acercarnos después del distanciamiento de estos meses. Eso ahora no importa. Le agradezco su complicidad y le prometo que mañana estarás en casa. No sé si debería prometer algo así —algo que, en realidad, no está en mi mano—, pero siento que si lo verbalizo, es más fácil que acabe siendo real.

Mi madre arranca el coche y se pierde de nuevo en esta ciudad en la que, de repente, parece que solo estamos tú y yo. La sesión ha comenzado hace casi media hora, así que no hay nadie junto a la taquilla del cine, solo estás tú sentado en los escalones, con la mirada perdida y tus pensamientos —supongo— muy lejos de aquí.

—¿Puedo?

Te sobresaltas. Tu primera reacción es intentar ponerte en pie para salir corriendo. Debes de creer que ya habré dado la voz de alarma, así que lo primero que necesito es calmarte y convencerte de que estamos solos.

—Tranquilo. No hay nadie más conmigo.

Dudas un segundo pero, al final, vuelves a sentarte. Me coloco junto a ti y espero a que quieras empezar a hablar. Podría preguntarte. Interrogarte. Sí, podría disparar una batería sin fin de cuestiones que, en realidad, tampoco creo que sirvan para nada. Lo único que importa es que estás aquí, otra vez conmigo. Que he conseguido encontrarte y que, aunque eso todavía no me atreva a decírtelo, no quiero que te vayas nunca más.

—¿Cómo lo has sabido?

Sonrío. No respondo siquiera. Era una idea desesperada, lo admito, pero a veces es cierto eso de que el criminal siempre regresa al lugar del crimen. Y no creo que eso suceda por morbo, ni por crueldad, qué va, eso sucede porque siempre necesitamos regresar a los lugares donde nos rompemos, a esos espacios en los que, criminales o no, sabemos que hemos dejado de ser como éramos para empezar a ser como ahora somos. Y en este cine sé que en ti se rompió algo.

—No quería asustar a mis padres. Ni preocuparte a ti. Es solo que...

Las palabras no salen. O no las encuentras o, sencillamente, ya no están. No hay nada que decir porque el dolor devora el lenguaje. Así de simple. Como esos agujeros negros de los que habla tu adorado Hawking. Pienso si debería confesarte que llevo uno de sus libros en la bandolera. Que por tu culpa me ha dado por leer sobre el tiempo. Sobre el universo. Y sobre si todo es como realmente creemos que es... Quizá te gustaría saber que no todo se rompe, que hay cosas —como esta duda con la que ahora lo analizo todo— que se crean. Y que nacen gracias a gente como tú. Porque antes me bastaba con mi capacidad para huir del presente. Pero ya no. Ahora esos cutresuperpoderes sobre los que bromeaba con Marina y Nico se me quedan muy pequeños. Demasiado.

—Está siempre ahí, ¿sabes? Siento que Víctor me persigue en cada rincón de esa maldita casa... Y eso que la mudanza se supone que iba a ayudar. Joder, sí. Iba a ayudar... Pero no lo ha hecho. Porque sigue saliendo su nombre. A todas horas... Víctor. Pesan mucho los nombres. Queman. Lo abrasan todo, Abril... Es su nombre y la duda. El fuego de la maldita duda de si lo que pasó no pudo evitarse. En casa de mi padre. De mi madre. Da igual con quién esté o con quién viva. Es un fuego que se enciende en cualquier momento. A todas horas. Y que lo arrasa todo...

Danos los nombres del tiempo y los nombres del fuego. Las crípticas palabras vuelven a mi cabeza. Y con ellas, las llamas de mis sueños, que se hacen aves y surcan un cielo que se desploma sobre mí. Un cielo como el que se cierne sobre ti y sobre mí en esta misma noche. Un cielo como el que ahora cobija tus palabras. Y tu dolor.

—No podía más... Ya no. Solo quería más noches como la nuestra. Como este viernes... Solo eso. Noches

en las que no volviera a mí la culpa. Ni las preguntas. ¿Pudimos evitarlo? ¿Fue culpa nuestra? No sabes cómo jode esa duda. ¿Por qué no me di cuenta? ¿Cómo no me dijeron que mi hermano estaba sufriendo tanto? No sé, Abril. No sé qué hacer. Porque viene a mí una y otra vez... Una tortura. Una maldita tortura que no tiene fin. Como si todo pesara demasiado, ¿me entiendes? Como si todo tuviera que ser siempre muy grave. Y muy solemne. Y yo no quiero eso. Yo quiero perderme igual que nos perdimos juntos la otra noche. Yo necesito... —buscas, sin
encontrarla, la palabra—. Yo quiero... —al fin diste con ella—: levedad.

Siento el impulso de abrazarte, pero lo reprimo. Me da miedo que mi gesto ahogue tu voz y, ahora mismo, pienso que es importante que te sientas escuchado. Que digas lo que quieras decir. Así que contengo las ganas de acercarme todavía un poco más, de robarte un beso —igual que los de ayer, los de la noche de la que hablas, esa que tanto tardaremos en olvidar— y de arrastrarte conmigo a algún lugar donde podamos estar solos. Donde nadie nos encuentre aunque nos busque.

—Deberíamos volver.

No respondes. Solo niegas con la cabeza. Igual que un niño. Te agarras las piernas con fuerza y ocultas la cabeza entre los brazos. Necesitas que te prometan que merece la pena ponerse en pie. Y eso es lo único que, ahora mismo, puedo hacer.

—Habrá más noches, Iván.

—¿Estás segura?

—Claro.

—¿Y cómo?

—Porque voy a estar en ellas.

Te beso y siento, por un instante, la amarga felicidad de la película que vimos juntos y que ahora mismo proyectan a solo unos metros de nosotros. Más alto, más atlético, más moderno y más joven, pero tu mirada hoy me recuerda muchísimo a la del personaje de Jack Lemmon en *El apartamento*. Cuando por fin conseguimos imponer la razón al instinto, nos ponemos en pie.

—Vamos, Jack —te digo.

Y tú te levantas y comienzas a caminar de vuelta a casa.

Junto a mí.

Zeltzin

Aún lo tenía consigo. Habían pasado casi seis meses, pero Zeltzin seguía guardando la piel de venado que se suponía debía entregar a Ohtonqui.

Desde el momento en que Xalaquia le encomendó aquella tarea, las dudas habían asaltado a su amiga. ¿Cómo explicarle al venerable anciano que era su propia hija quien le enviaba aquel extraño presente? ¿Y qué diría el anciano cuando supiera que Zeltzin le había ocultado su encuentro con Xalaquia? Le parecía injusto convertirse en mensajera en un conflicto que no era suyo y, sobre todo, creía que entregar esa piel no ayudaría en nada a Xalaquia. Su responsabilidad como amiga no consistía en ayudarle a eludir sus obligaciones, estaba segura, sino en convencerla de afrontarlas. Hacía demasiado tiempo ya que Zeltzin soñaba con recuperar su compañía, extrañaba los momentos y las confidencias juntas y estaba segura de que si era Xalaquia quien hacía acopio del valor necesario para hablar con su padre, este acabaría perdonándola y así ella volvería al lugar del que nunca debió marcharse.

Le estoy haciendo un favor, se dijo, así que guardó aquella piel con la esperanza de que fuera ese el instrumento de reconciliación entre el anciano y su hija. Por eso lo mantuvo consigo y la escondió en secreto, a la espera de que Xalaquia le preguntase por su paradero. Es labor tuya, le respondería, y la exhortaría a buscar las palabras que fueran necesarias para reconstruir la relación con su padre, un amor que no podía morir por la obstinación de ambos. Es igual de terca que Ohtonqui, pensaba, y dejó pasar los días convencida de que, antes o después, Xalaquia regresaría y la interrogaría sobre su encargo.

Sin embargo, ese ansiado encuentro se postergaba. El tiempo transcurría de manera diferente en los límites de Tenochtitlan. Allí, en medio de ningún lugar, a Ocelotl y Xalaquia no les estaba resultando nada fácil construir su nueva vida desde el desarraigo y la oscuridad. Ambos tuvieron que esforzarse por encontrar el modo de alcanzar una normalidad que distaba mucho de parecerlo. Refugiados y a suficiente distancia de la ciudad como para no ser encontrados, los dos se esforzaron por hallar el modo de cambiar el rumbo de unos hechos que amenazaban con acabar asolándolo todo.

Xalaquia, que no podía imaginar que su mensaje no había llegado a manos de su padre, se dedicó a trabajar día y noche en las artes de fusión con la esperanza de dar con la llave que le permitiese abrir el secreto de los malinalli. Ocelotl, siempre solícito a sus demandas, le conseguía cuanto animal o planta ella le pedía para cada nuevo conjuro. Sin embargo, ninguna de las combinaciones conseguía el efecto deseado. ¿Qué se necesitaba para un conjuro de fusión? En su aprendizaje de las artes mágicas ella solo había llegado a saber que se corría un terrible riesgo al hacerlo, pero jamás había podido averiguar de qué se trataba. Durante aquellos meses, además, tuvo que aprender a serenar al guerrero y frenar sus impulsos bélicos, deseoso de alzar las armas contra los opresores que se enseñoreaban por las calles de Tenochtitlan como si fueran sus nuevos dueños.

Los días transcurrieron en una extraña calma hasta que la arena se adueñó de Xalaquia en uno de sus sueños. Una tormenta que comenzaba cubriendo su cuerpo, después el de Zeltzin, más tarde el del venerable Ohtonqui y, por último, el mismísimo Templo Mayor. La arena caía suave al principio y violenta y llena de sangre después. Una visión que la desveló a mitad de la noche y la convenció de que era preciso hablar con su amiga. El tiempo estaba a punto de agotarse (¿no era eso lo que significaba la arena que lo cubría todo en sus visiones?) y era preciso averiguar cuanto antes qué había dicho su padre del mensaje que los dioses habían escrito en aquel venado.

—¿Cómo reaccionó? ¿Qué dijo? —le preguntó a Zeltzin cuando, al despuntar el alba, consiguió acercarse a ella sin que nadie la viese.

—Nada —respondió agachando la cabeza.

—¿Nada?

—Xalaquia, eres tú quien debería dárselo.

—¡Zeltzin!

—Nunca conseguirás su perdón si no hablas con él. Lo he hecho por ti.

—No puedo creerlo...

Xalaquia se sentía terriblemente defraudada.

—Tienes nuestro futuro en tus manos, ¿no te das cuenta?

—¿Y por qué no demuestras tú el valor que me exiges a mí? Es tu padre. No se merece tu silencio. Bastante ha sufrido ya, ¿no crees?

—Por favor, Zeltzin... Esto es más importante que nosotras mismas. De esa piel depende el porvenir de nuestro pueblo, ¿no lo entiendes? Ya habrá tiempo para que hable con él, pero ahora necesito que actúe. Y si soy yo quien le lleva la piel ni siquiera querrá escucharme. No tenemos tiempo, ¿no lo ves?

—Dime que si se lo entrego yo, tú hablarás con él.

—Zeltzin...

—Dímelo.

—Está bien. Lo haré. Pero solo cuando tú se lo hayas entregado.

Zeltzin asintió. Se armó de valor y pensó, para ello, en cómo crecía el malestar entre los habitantes de Tenochtitlan, una ciudad que cada día albergaba más sospechas sobre las verdaderas intenciones de aquellos hombres a los que ya nadie quería creer dioses... Su líder, Cortés, había partido recientemente a la Villa Rica de la Vera Cruz ante la llegada de Pánfilo de Narváez, enviado por el gobernador de Cuba, Diego de Velázquez, con la orden de apresarlo. Su marcha agravó las diferencias entre los invasores, hecho al que no ayudó el nombramiento del arrogante y despótico Pedro de Alvarado como responsable al cargo de aquellas gentes.

Zeltzin buscó el modo de entregarle a Ohtonqui la piel de venado. El anciano se hallaba casi siempre reunido en compañía de otros nobles pipiltin con quienes buscaba el modo de asesorar a su señor en el delicado momento en que se hallaban. Todos habían quedado apabullados por la majestuosa entrada en Tenochtitlan de los extranjeros, con la que habían conseguido despertar tanto la suspicacia como la admiración de quienes allí se hallaban. El día de su llegada, Cortés ocupaba junto con tres capitanes la primera fila. Tras él, avanzaba una segunda tanda compuesta por sus ballesteros. En tercer lugar, la caballería seguida, unos pasos por detrás, de los arcabuceros y la infantería. Y por último, como cierre del desfile, los aliados tlaxcaltecas, que conseguían pasear —por fin— por el mismísimo Tenochtitlan sin que nadie les infligiese daño alguno.

Al fin, Zeltzin consiguió encontrarse a solas con Ohtonqui. Se acercó a él fingiendo interesarse por el paradero de Xalaquia y temiendo la respuesta airada del chamán. Acertó, pero no importaba. Ella aguantaría su hastío y su vergüenza —¿de veras el honor le dolía más a aquel anciano que el destino de su hija?— y buscaría después el modo de entregarle la piel que llevaba consigo.

—He de daros algo, venerable Ohtonqui.

—¿De qué se trata? —el anciano miró con extrañeza la piel que Zeltzin le entregaba.

—Lo ignoro. Solo sé que es importante.

—¿Y de dónde viene?

—No puedo decir nada más.

—¿Quién te lo ha dado?

No necesitaba hablar. No era preciso. Ohtonqui podía leer el nombre de su hija en los ojos de Zeltzin. Sí, ella debía saber dónde se hallaba. La había visto. Y era la misma Xalaquia quien le había entregado algo que quería que llegase hasta él. De pronto, su ira se transformó en nostalgia, en el deseo de verla, de sentirla cerca de sí. Pero Ohtonqui sabía que, cuando lo hiciese, debería censurar públicamente su conducta y tomar medidas por las graves consecuencias de su fuga. La muerte de Tezcatl, soñada y relatada con detalle por uno de los sacerdotes del Templo Mayor, era una de ellas. La visión se había repetido varias noches y en ella aparecía siempre el mismo asesino. Una silueta masculina a la que el sacerdote no consiguió identificar y que tenía cuerpo de hombre y rostro de jaguar. Ohtonqui no quería dar crédito a las profecías, pero pronto entendió que la ausencia de Tezcatl solo podía explicarse si tomaba aquellos vaticinios como ciertos. Y entonces, ¿qué había sido de su hija? ¿Cómo era posible que nadie le diera razón alguna sobre ella? ¿Por qué los sacerdotes no tenían sueños con su muerte, si es que esta ya se había producido? No era lógico que Tezcatl, un aguerrido y experimentado guerrero, hubiera sucumbido mientras su hija seguía vagando por una región que cada día —así lo sentía Ohtonqui— era más ajena y menos suya. No, no tenía sentido.

Sea como fuere, la muerte de Tezcatl —si el sacerdote no erraba en sus profecías— habría sucedido a causa de la infructuosa búsqueda de su hija. Por eso ni su amor de padre ni su deseo de verla podían cegar su afán de justicia. Ni su criterio. Sintió que la piel que le entregaba Zeltzin le obligaba a afrontar todo cuanto preferiría no ver. Y dolía demasiado.

—Es importante que lo tengáis.

Zeltzin se escabulló sin decir nada más. ¿Habría servido de algo su acción? Y se ocultó para vigilar los movimientos de Ohtonqui sin ser vista. El anciano, sin embargo, no la miró. Dobló la piel de nuevo y, en un arrebato de ira, la arrojó contra el suelo. Luego se alejó de ella pero, cuando solo había dado unos pasos, se giró y se postró ante la piel cegado por el dolor y el cansancio. Zeltzin lo vio llorar abrazado a esa piel que, de algún modo, era todo cuanto el anciano tenía ahora de su hija. No leyó las imágenes, solo se aferró a la piel como si aquel fuera el cuerpo de quien tanto extrañaba. De esa hija a quien no sabía si alguna vez volvería a ver con vida.

No se podía hacer ya nada más. Su parte del pacto se había cumplido y Zeltzin sintió una extraña satisfacción por haber colaborado en todo ello. Confiaba en que, antes o después, el anciano se sentaría ante la piel y descifraría todos y cada uno de sus símbolos.

—¿Qué me has hecho entregarle, Xalaquia?

Nadie respondió su pregunta. Zeltzin sentía una soledad extraña que ni siquiera la cercanía del valiente Izel conseguía disipar. De él, además, no esperaba tranquilidades ni calmas, sino tempestades y fuegos que la sacasen del hastío en que se hallaba instalada.

La luz huyó de la ciudad.

—¿Qué nos deparará el próximo sol?

El silencio fue, una vez más, la única respuesta.

Anochecía.

19

—Bueno, Nico, ¿y?

—¿Y qué?

—¿Que para qué nos has hecho venir?

—¿Yo?

—Tu mensaje, Nico.

—Es que no sé de qué me hablas, Abril.

Iván llega apresurado. Con cara de no haber pegado ojo en toda la semana. El diálogo con sus padres, después de su regreso, no debe de estar siendo nada fácil.

—¿Llego tarde?

—No, aún falta Marina.

—¿Alguien sabe para qué nos ha llamado?

—¿Marina?

—Sí, su mensaje decía que era importante.

—Pero ¿no nos habías llamado tú, Iván?

—¿Yo?

—Mira.

—A ver, Nico, déjame ver...

—Ya estoy.

—La última, Marina... Cómo no.

—Bueno, a ver qué es eso tan importante que nos quieres decir, Abril.

—¿Yo? Pero ¿esto de qué va?

Desconcertados, releemos nuestros mensajes y comprobamos que cada uno de ellos tiene un emisor diferente. El texto, sin embargo, es el mismo en todos: *A las ocho en la puerta del insti.* Resulta extraño pensar que alguien pueda habernos citado en un lugar tan concreto y para algo que, en realidad, no sabemos de qué se trata.

—¿Es una broma o qué?

Marina no parece dispuesta a tolerar este juego por mucho más tiempo. Además, todavía está dolida por la historia con Raúl. Me temo que su cutresuperpoder de alterar el pasado ha empezado a fallar y ahora le cuesta olvidar lo sucedido y cambiarlo por un recuerdo más amable. Es estúpido, le he intentado explicar, porque esperamos demasiado de los demás y eso hace que las decepciones estén siempre más que aseguradas. Y aun así, no aprendemos. Volvemos a equivocarnos una y otra vez. Y en los mismos errores. O parecidos. Pero Marina solo me responde que no quiere hablar del tema. Desde que pasó lo de la fiesta en casa de Nico, solo le he sacado monosílabos y alguna que otra pequeña confesión, como que en el tiempo que estuvieron juntos, ella llegó a darle a Raúl su contraseña del móvil y hasta del *email*. Aunque me cuesta creer que alguien como Marina pueda haber hecho algo así, intento no juzgarla para que siga hablando... Pero ella no lo hace. No quiere contar más. No sé si porque ahora, una vez acabada su historia, se da cuenta de lo que realmente ha sucedido entre ambos, o porque le duele haberse ilusionado con alguien que, al final, no ha sido más que una profunda y dolorosa decepción.

—Deberíamos tomar algún tipo de decisión.

—¿Como qué, Nico?

De repente, aparece Ángel. Viene corriendo y se disculpa por haber llegado tarde, sin saber que, en realidad, nadie le ha pedido que viniera.

—Pues vosotros diréis.

—¿Nosotros?

Le ha llegado un mensaje dentro de un grupo de WhatsApp en el que figuramos los cinco y del que, al parecer, soy yo la fundadora. El nombre del grupo es una palabra que, una vez más, desconozco: Tlaloc.

—Nosotros no hemos sido.

—¿Estás de broma, Nico?

—Luego te hago un resumen.

El desconcierto es absoluto y la presencia de Ángel no nos ayuda. O quizá sí. Porque por absurdo que parezca todo empieza a cobrar sentido. A lo mejor esa foto en el Facebook de Nico no fue casual. ¿Y si todo se trataba de una medida desesperada para conseguirnos un quinto acompañante que, por algún motivo que desconozco, debe ser Ángel y no Hugo?

—No podemos seguir haciendo como si no estuviera ocurriendo nada.

—Es que esto, Iván, no es nada.

—¿Cómo que no, Marina? Los cuatro estamos fingiendo que no sucede. Y como estos meses han sido tan movidos por otros temas, es fácil disimular y hasta olvidarlo. Pero sí que sucede. Nos guste o no, sucede.

—¿Me vais a explicar de qué va todo esto?

—Luego, Ángel. Te lo prometo.

—¿Y a quién se lo contamos? Con un poco de suerte nos toman por idiotas. Y con menos suerte, directamente por locos.

—No es culpa nuestra que la gente tenga una visión limitada de la realidad.

—Ya salió el *hipster*... —se rebela Marina. —A ver, ¿y eso qué se supone que quiere decir?

—Lo que he dicho. Que nuestra concepción de lo que es y de lo que existe es muy pobre.

—¿Pobre?

—Hecha a nuestra medida. Pero quizá sí haya una explicación.

Iván acaba de leerme el pensamiento. Eso mismo he pensado yo hace solo unos segundos, que no hay casualidad que valga para explicar todo esto y es posible que exista una razón oculta que somos incapaces de alcanzar desde los límites de lo estrictamente real. A fin de cuentas, puede que *real*, como *normal*, solo sea otro adjetivo inútil más, otra palabra que sumar al cajón de las letras que no significan nada.

—Que no seamos capaces de dar con ella no quiere decir que no sea real —insiste Iván.

—¿Heisenberg? —le sonrío.

—Por ejemplo... Ya sabéis que mi visión del tiempo es un poco peculiar.

—También la nuestra.

—Sí, Nico. Lo de vuestros cutresuperpoderes ya me lo habéis contado... Pero yo no hablo de juegos de críos.

—Será que estoy muy espeso, pero no entiendo nada... —Ángel nos mira con una expresión de absoluta perplejidad.

—¿Juegos de críos? —se molesta Marina.

—No seas suspicaz, anda. Estoy hablando de algo mucho más grande. Y más científico.

—En realidad —le doy la razón a Iván—, no sabemos de dónde nace todo esto. Ni tampoco el cuándo.

—Pensadlo un momento —no sé por qué, pero adivino lo que Iván está a punto de decir—: ¿Y si todo hubiera sucedido ya?

Se me hace raro buscar explicaciones racionales para opciones que siempre he asociado con la ciencia ficción. Pero la irrupción de Iván en mi vida ha abierto caminos —no solo emocionales— con los que no contaba hace solo unos meses. Me intriga su pasión por las matemáticas y, aunque no acabe de entenderle al cien por cien, su visión del tiempo hace que todo me resulte mucho más incomprensible y, a la vez, más lógico. A fin de cuentas, las fronteras —el ayer, el hoy, el mañana— jamás me han sido útiles y siempre he jugado a saltármelas. Hasta que llegó Iván solo era eso, un guiño infantil que manteníamos vivo Marina, Nico y yo, pero ahora empiezo a verlo como una posibilidad que me permitiría asumirme de otro modo, desde esa complejidad que exige lo real y que la linealidad le roba. Quizá el tiempo no sea una línea, quizá sea circular. Quizá todo haya sido y esté siendo a la vez... Eso es lo que intenta explicarnos Iván con sus razonamientos cuánticos. O por lo menos, lo que yo creo entender.

—Pero ¿cuál es el origen?

—¿El origen de qué, Abril?

—De todo esto. Hay que buscar el punto de partida. El inicio.

Revisamos, uno a uno, los hechos que no podemos explicar de los últimos meses y aprovechamos para poner a Ángel al día de todos ellos. El listado es demasiado heterogéneo como para llegar a ninguna conclusión, así que decidimos arriesgar. Hay que elegir el más singular. O, al menos, el que nos parezca que puede arrojar más información. Sin embargo, estamos tan contaminados por su presencia en nuestra vida que nos resulta imposible escoger uno. Vistos desde dentro todos resultan tan singulares como paradójicamente cotidianos. Ante nuestra indecisión, es Ángel quien nos ofrece su punto de vista. A fin de cuentas, es el menos implicado en los hechos y su opinión resulta más objetiva que la nuestra.

—Se me ocurre algo. Quizá sea una estupidez, pero...

—Di.

—Esos versos...

—¿Sí?

—Es lo único medianamente localizable que tenéis. Puede que estén sacados de algún sitio concreto. ¿Lo habéis probado?

Todos negamos con la cabeza. Estamos tan absorbidos por nuestros problemas personales que no se nos ha ocurrido algo tan sencillo como eso.

—Deberíamos buscar su fuente. Abril, ¿los puedes leer?

—Claro:

Múltiples aves hacen estrépito.
¡Se han convertido en aves color de fuego,
se han convertido en aves color de oro!

—Tenemos eso y tenemos un nombre —añade Marina.

—Tezcatl.

—Exacto.

—¿Lo habéis buscado ya?

—Es un nombre azteca —respondo.

—El poema también podría serlo —deduce Ángel.

—¿Tu padre no era un experto en estos temas?

Mierda. Tenía que suceder. Justo por eso había evitado seguir ahondando en el dichoso nombre. El maldito Tezcatl. Porque no quiero que me hagan recurrir a mi padre. Ni pedirle un solo favor. Puedo tragarme mi orgullo y quedar con él cuando lleguemos mañana a París. Sí. Eso puedo hacerlo. Pero no quiero presentarme ante él como una niña que necesita ayuda. Si su decisión ha sido hacer su vida lejos de mí, la mía es construirme de manera autónoma. Independiente. No quiero que intervenga en nada. Tampoco en esto. ¿Por qué has tenido que sacarlo en la conversación, Nico?

—Deberías contárselo cuando lo veas.

—No sé si voy a verlo.

—¿No vive en París?

—Por eso mismo.

Ninguno de ellos dice nada más. Saben que es un tema delicado y prefieren respetar mi silencio. Se hace tarde, así que decidimos irnos a casa para acabar de preparar las maletas. Estoy convencida de que el tema volverá a surgir. No somos gente que se rinda con facilidad, así que es posible que insistan en que hable con mi padre sobre este asunto. Y sí, claro que podría hacerlo...

Pero no quiero.

Ohtonqui

Ohtonqui despliega la piel del venado sobre el suelo. Los contornos de las imágenes han comenzado a desvanecerse y no resulta sencillo leer el mensaje. No sabe quién lo ha escrito, pero tiene la sensación de que el dibujo lo ha trazado alguien que desconoce el sentido de esos signos, como si el deseo de una voluntad superior hubiese movido su mano.

—¿Estáis preparados?

Los hombres de Pedro de Alvarado asienten con seguridad. Llevan todo el día pensando en ese momento. En cómo esta noche de mayo de 1520 pondrá fin a las humillaciones pasadas entre los indígenas. Están cansados. Hartos. Su orgullo de conquistadores, cuestionado por un pueblo que ha pasado de acogerles con hospitalidad a recelar de ellos. Lo notan. Perciben su miedo. Y el miedo traerá consigo violencia. Están seguros. Es mejor atacar. No pueden seguir cruzados de brazos. Ni esperar a Cortés. A él también se la han jugado. Por eso secundan los planes de Alvarado. Él es su nuevo líder mientras Cortés regresa. Y no hay tiempo para seguir esperando. Si lo hacen, acabarán muertos. O peor aún, víctimas rituales de algún sacrificio en el que les arrancarán el corazón. No van a permitirlo. Ellos están allí para conquistar y para dominar. No para ser vencidos.

—A mi señal. ¿De acuerdo?

La piel se niega a dejarse leer. Los pictogramas no tienen una forma clara y muchos admiten más de una interpretación. Además, ¿qué está haciendo? ¿Por qué pierde el tiempo en juegos de adolescentes? Zeltzin no es más que una cría, una buena amiga de su hija, sí, pero tan solo eso. El pensamiento de Xalaquia atormenta de nuevo a Ohtonqui. Su ausencia. Su marcha. Su rebeldía... Y decide frenar esos fantasmas refugiándose en la lectura de un mensaje que tal vez no signifique nada.

—Seguidme.

Los soldados españoles recorren, sigilosos, el lugar que los indígenas llaman en su lengua Huey Teocalli, el Templo Mayor. Allí se halla reunida gran parte de la nobleza azteca junto con los sacerdotes: celebran una fiesta en honor de sus dioses. Ohtonqui, apesadumbrado por la ausencia de su hija, ha preferido no asistir. El banquete transcurre con normalidad, incluso con despreocupación, pues han comenzado a habituarse a la presencia de los extranjeros. No les gusta tenerlos allí, pero están convencidos de que antes o después partirán, y se afanan por mostrar su autonomía y su fortaleza mientras ellos permanezcan en Axayácatl.

Las letras de la piel comienzan a cobrar sentido. Ohtonqui suma cuanto allí encuentra y, tras dudas y titubeos, da al fin con el mensaje. Es una frase en clave, un acertijo con el que alguien parece querer poner en duda su ingenio:

El lugar destinado a la vida será, oh Tenochtitlan,
en la noche de los grandes nombres,
el lugar destinado a la muerte.

El lugar destinado a la vida... La noche de los grandes nombres... ¿Cuál de todos los rincones de Tenochtitlan puede ser el que allí se menciona? ¿Qué lugar corre el riesgo de volverse muerte? ¿Y cuándo ha de suceder esa profecía? ¿De qué noche se trata? Ohtonqui se afana por buscar respuestas, el dónde y el cuándo, en las palabras marcadas en la piel, pero no hay más pistas que le ayuden a resolver el enigma.

Los soldados españoles siguen avanzando hasta que, por fin, consiguen cerrar todas las salidas del Templo sin ser descubiertos. Los nobles y los sacerdotes continúan con su banquete y nadie advierte que están encerrados —y sin armas con las que defenderse— en un espacio tan reducido como fácil de controlar para sus enemigos.

—¡No puede ser! —grita Ohtonqui mientras corre hacia el Templo Mayor.

¡El lugar destinado a la vida! ¿Qué otro sitio ha de ser sino el espacio sagrado dedicado a sus dioses! Allí nace la vida. Allí, en realidad, confluye todo... Especialmente hoy, en esa celebración donde están los nobles más destacados de su pueblo. ¡Los grandes nombres! La respuesta es tan obvia como terrible: ¡es esta noche cuando la vida ha de volverse muerte! Las piernas no le permiten seguir corriendo y, cansadas, se doblan hasta dar con las rodillas en el suelo. Grita el nombre de su hijo. Grita todos los nombres de los guerreros más jóvenes que recuerda y, al final, llega Izel.

—Tienes que ayudarme… Avísalos.

—¿A quién, padre?

—¡Avísalos! —dice casi sin aliento mientras yergue el brazo derecho hacia el Templo Mayor.

Pero los gritos de las víctimas se escuchan ya en toda la ciudad. La sangre brota de los cuerpos e inunda un templo que será, en adelante, túmulo funerario. Brazos, cuellos, piernas… El filo de las espadas cercena los cuerpos de los nobles y de los sacerdotes. No distinguen rangos ni edades. Tampoco sexos. Familias enteras caen bajo la furia de los conquistadores y se convierten en parte de un macabro grupo escultórico. Pedro de Alvarado anima a sus hombres a no tener miedo. Les repite que empuñen bien sus armas. Que acaben con el enemigo sin que este tenga opción de devolverles el golpe. Y así lo hacen. No respetan a quienes duermen, ni a quienes beben, ni a quienes se hallan de espaldas ajenos a la suerte que los espera.

—Corre, hijo. Corre…

Pero Ohtonqui sabe que ya es tarde. Los gritos que se escuchan a lo lejos son los mismos que describía el mensaje que le ha dado Zeltzin. Ahora tendría que preguntarle dónde lo había obtenido. Sí, debería interrogarla…

Mas cuando regresa no encuentra ya texto alguno sobre la piel del venado; solo una enorme mancha de sangre que cubre los antiguos dibujos y que, según el anciano interpreta, es el dibujo funesto de las muertes que esa noche han tenido lugar. Una mancha por cada uno de los suyos, muerto en la traición y no el combate, asesinados por quienes habrían de recibir —si Huitzilopochtli escucha sus ruegos de anciano— su merecido.

Ahora debe averiguar quién le ha dado esa piel a Zeltzin y, más aún, quién ha escrito el futuro de su pueblo sobre ella. Pues ya que ese futuro no ha podido evitarse, quizá haya otros mañanas en los que, con la ayuda del misterioso escriba, sí se pueda alterar el destino.

20

No voy a negarlo. Subirte a un avión después de haber recibido un mensaje así da muy mal rollo:

> *El lugar destinado a la muerte será, en la sexta noche,*
> *el lugar destinado a la vida.*

Lo he visto, lo he leído, lo he borrado y no le he dicho nada a nadie, pero me he tenido que mentalizar para no obsesionarme con esas palabras durante todo el vuelo. Por suerte, pasar el control del aeropuerto ha sido tan estúpidamente complicado —un poco más y tengo que hacerlo desnuda— que he estado lo bastante distraída como para olvidarme durante un buen rato de semejante texto. Ya en el avión, la amnesia ha sido mérito de mi iPod y de Los Planetas, que, como casi siempre que recurro a ellos desde que hace unos años mi padre me los descubrió, consiguen que me abandone a un estado de ánimo en el que el presente parece casi irreal.

Tras el aterrizaje, la llegada a París ha sido organizadamente caótica. Los profesores que nos acompañan

—César, el de Francés, y Carla, la pesada de Biología— nos abruman con normas y horarios en el autobús que la agencia nos ha puesto desde el aeropuerto hasta nuestro hotel, un edificio pequeño, cochambroso y lamentable —cómo se nota que esto es un viaje escolar: todo puro *glamour*— en la Rue du Faubourg Saint-Honoré, cerca de los Campos Elíseos. La zona, eso sí, es estupenda, así que todo lo espantoso del hotel se compensa con lo excepcional de esta ciudad y del barrio en el que estamos instalados.

Nada más aterrizar ya tenía un *whatsapp* de mi padre *(¿Cuándo nos vemos?)* con uno de esos emoticonos que sirven para suplir la comunicación real. Esa que, desde que se vino aquí, no es como había sido tiempo atrás, cuando oíamos juntos a los grupos que a él le gustaban y que por eso, supongo, han acabado gustándome también a mí. Leo su mensaje, sí. Pero no le respondo aún. Tengo una semana por delante para disfrutar de París, de mis amigos, y en esos siete días no quiero que el reencuentro con él sea una prioridad. No me parecería justo, la verdad. Además, según ese mensaje, nos espera una sexta noche de viaje movidita (¿a qué lugar «de muerte» se referirá?).

Por lo que nos han dicho en el instituto, el programa de actividades nos va a tener todas las mañanas ocupadas. Quedaban un par de visitas pendientes de concretarse, así que hasta que no hemos llegado al hotel no nos han dado el listado completo. Es la primera vez que estoy aquí y me apetece verlo todo. Montmartre, Notre-Dame, la torre Eiffel, los puentes del Sena... Me da algo de pereza saber que cualquiera de esos lugares estará colonizado por turistas que solo quieren llegar hasta allí para sacar ansiosos su palo *selfie* y colgar su foto en Instagram, pero aun así, estoy deseando atravesar cada uno de esos sitios que por culpa del cine y de la literatura he mitificado tanto. No es que mi francés sea espectacular, pero confío en que me sirva para mezclarme un poco con la gente y sentirme, en vez de turista, viajera. No es lo mismo y eso también lo he aprendido de mi padre. Como a él le gusta decir, son dos cosas que no tienen nada que ver. Los turistas solo se dedican a mirar. Los viajeros se dedican a vivir. Y a mí solo me interesa lo segundo.

En el listado de actividades hay un sinfín de museos. Demasiados para siete días... ¿No sería bueno dosificar esas visitas? Carla y César le han restado importancia cuando se lo he sugerido, pero lo peor ha venido después, ya en la habitación, en el mismo momento en que me he dado cuenta de que además del Pompidou, y del Louvre, y del Museo de Rodin, también vamos a ir al Quai Branly, donde trabaja mi padre, para «hacer un recorrido por sus principales salas», dice el programa.

—¿Ocurre algo?

—Esto.

Marina, que está ocupada deshaciendo su equipaje y llenando el armario que supuestamente vamos a compartir las dos en este cuarto minúsculo, no entiende a qué me refiero.

—Fíjate en la visita de mañana.

—Un museo.

—Ya.

—¿Y qué esperabas? Sé positiva. Las tardes las tenemos todas libres.

—¿Has visto de qué museo se trata?

Al fin cae en la cuenta.

—Tampoco es para tanto.

Le quita importancia y me devuelve el papel mientras sigue con su equipaje. Desde su historia con Raúl está mucho menos receptiva que antes, como si nada de cuanto nos sucede a los demás le afectase de veras. Ya ni siquiera le da demasiada importancia a los mensajes anónimos y ha llegado a decirme, durante el vuelo, que no contemos con ella para indagar misterio alguno. Que no le apetece perseguir fantasmas ni jugar a resolver interrogantes que quizá ni siquiera lo sean. Me ha dado rabia escucharle decir eso pero, sobre todo, me preocupa sentirla tan lejana. Tan hermética. Se ha encerrado en sí misma —¿qué pasó exactamente con Raúl en esa fiesta?— y ha confundido la necesidad de estar sola con la obligación de echarnos de su mundo a los demás. Ahora mismo, en este cuarto tan pequeño, es como si se encontrara a miles de kilómetros de distancia. O, en términos de Iván, a años luz de mí.

—¿Crees que debo avisar a mi padre? ¿Decirle que vamos a ir a su museo?

—Tú sabrás.

Escribo un *whatsapp* breve y algo seco *(Mañana vamos al Quai Branly. ¿Estarás?)* mientras intento que Marina se sincere conmigo. No tiene sentido que siga ofuscada por algo tan estúpido. Por un simple chico.

—¿Me vas a decir qué te pasa?

—Nada, Abril.

Mi padre responde con uno de sus emoticonos adolescentes. No sé si porque está tan entusiasmado como el dibujo que ha escogido, o porque ya no tiene ni tiempo para hablar conmigo de verdad.

—¿Nada? ¿Tú estás segura?

—Segurísima, tía. Y eso es lo malo. Lo malo es que no me pasa nada, ¿no lo entiendes? No, claro que no lo entiendes... Lo malo es que a mí nunca me pasa nada. Y que para una vez que me pasa algo es una mierda... ¿Tú sabes lo que es sentirse humillada? ¿Lo sabes? No tienes ni idea...

—¿Me lo quieres contar?

—¿Necesitas que lo haga? ¿De verdad no puedes imaginarte lo que intentó hacerme ni lo que me gritó por no querer hacerlo?

—Marina...

—Me sentí tan mal. Tan insignificante... Si no hubiera sido por Ángel no sé qué habría pasado. Yo estaba demasiado asustada. Y estoy harta de eso, ¿sabes? De tener miedo. De esperar que alguien me rescate. De contar con que va a venir un príncipe azul de esos y darme cuenta de que solo es un imbécil. No te imaginas, Abril. No sabes cómo duele. Ni lo que me ha costado superar eso. Se ve que mi cutresuperpoder no da para tanto. Se le dan mejor los recuerdos fáciles, no los momentos en los que un capullo babea encima de ti e intenta hacer algo que tú no le has dicho que quieres hacer.

Por fin estalla. No necesito que diga nada más. Puedo completar su relato con las palabras que no ha dicho y la abrazo con fuerza mientras ella rompe a llorar por primera vez desde aquel día. Es un llanto violento y oscuro, porque nace de ese lugar en el que enterramos a nuestros fantasmas con la esperanza de que no vuelvan a hacernos daño.

Alguien llama a la puerta. Marina se seca las lágrimas y yo abro la puerta. Son Nico, Iván y Ángel, que se alojan con los demás chicos en el piso de abajo. Están listos para nuestra primera noche parisina.

Nosotras también.

Ohtonqui

—Padre...

Cuánto tiempo había esperado el anciano Ohtonqui escuchar esa voz. Y esa palabra.

—Padre...

Con un enérgico gesto la mandó callar. Encontró las fuerzas necesarias para silenciar sus emociones y adoptó la postura que su honor le exigía.

—Ya no eres quién para llamarme así.

Xalaquia temía esa respuesta. No dudaba del amor que le tenía su padre, pero también era consciente de su terquedad. Su rectitud le impedía tolerar cualquier transgresión como la que ella había cometido, así que no era la esperanza de la reconciliación la que la había llevado hasta allí. Ese atardecer, justo antes de que el sol se escondiera para dejar paso a la noche, Xalaquia había acudido hasta el anciano Ohtonqui con el deseo de que este le ayudase en la que sabía que había de ser su última misión.

Eran muchos los presagios que se habían sumado durante los meses que había permanecido oculta junto a

Ocelotl. Señales que señalaban obcecadas un mismo destino: el conjuro de fusión con el que debía de abrir uno de los secretos malinalli. Había conseguido reunir todos los ingredientes que necesitaba para tan peligrosa tarea, pero seguía faltando algo que le resultaba imposible descifrar. Algo que esperaba que su padre, incluso a pesar de su ira, sí pudiese decirle.

—Por favor, escuchadme. No os pido siquiera que me perdonéis, pero necesito vuestra ayuda. Es importante si queréis salvar a nuestro pueblo. El tlatoani Moctezuma ha alojado a nuestro peor enemigo en uno de sus palacios. Los dioses profetizan nuestra destrucción si no somos capaces de evitarlo.

—¿Los dioses han hablado con alguien como tú?

—Padre, solo necesito saber cómo...

—Sal de mi vista. No eres mi hija. Has muerto para mí.

—Os suplico, os ruego que...

—Reniego de ti y de quienes de ti nazcan en un futuro. Nada tuyo es mío. Nada lo será... Nunca.

Xalaquia no respondió. Bajó la cabeza y confió en que el corazón de su padre fuera mayor que su memoria. Sin embargo, el anciano se limitó a extender el brazo para exigirle que saliera de allí, de un hogar que había dejado de ser suyo en el mismo instante en que decidió abandonarlo.

No hubo clemencia. Ohtonqui no se perdonaría a sí mismo si las ganas de volver a abrazar a su hija se imponían sobre la ofensa que ella había cometido contra él, contra su linaje y contra su pueblo. Por su culpa, Tezcatl, el más valioso de los guerreros aztecas, seguía perdido o muerto, sin que hubiera más noticia que los funestos sueños sacerdotales sobre su paradero. Y por su culpa, él y su hijo Izel habían vivido en una agonía constante, preguntándose qué habría sido de ella y ahogando las lágrimas que no podían permitirse sus duros corazones de guerreros.

Xalaquia lo vio alejarse y se quedó con el corazón encogido, presa de una tristeza que apenas le permitía respirar. ¿Cómo podía doler tanto el silencio? La ausencia del nombre, de la voz del padre que la llamaba con el ademán cariñoso que antaño encontrara siempre en él. Ahora no quedaba más que cólera y desdén, un abismo de incomprensión que, así lo supo en ese mismo instante, los separaba para siempre. «Has muerto para mí». Aquellas palabras se repetían en su cabeza como un eco fatal que la golpeaba hasta hacerle daño.

—Vámonos, Ocelotl —le dijo cuando llegó al lugar donde él la esperaba oculto entre los árboles.

—¿No fue bien?

—Vámonos, he dicho.

Ocelotl y Xalaquia se alejaron de allí y caminaron con sigilo para evitar ser vistos. No fue fácil atravesar todo Tenochtitlan hasta alcanzar el modesto refugio que habían improvisado la misma noche en que llegaron. En su caminar, la joven no pudo resistirse a contemplar su imagen en las aguas del lago que vestía la ciudad. Era imposible escapar a su hechizo en aquel lugar que surgía de sus ondas, un mundo que se reflejaba sobre sí mismo como si se duplicasen así sus vidas y sus gentes, como si hubiera otra ciudad sumergida y secreta que quizá, algún día, viera la luz.

—¿Qué te ha dicho?

—Nada... Eso es lo peor de todo. Que no me ha dicho nada.

—¿Y te vas a rendir?

—Conozco a mi padre.

—Vuelve a intentarlo.

—No.

—Pero ¿por qué?

—Porque conozco su respuesta... Y será la misma que he recibido hoy.

—¿Y qué vamos a hacer? ¿Viviremos siempre como fugitivos?

—No lo sé.

—Hay que pensar en algo, Xalaquia...

Pensar. De nuevo... Pensar en cómo iba a ser su vida. Cómo iba a construir un futuro cuando la acababan de desterrar para siempre de su pasado y de su presente. Pensar, sí, pensar. Porque todas las decisiones caían sobre ella como una losa, incluso las que afectaban a los dos. Ocelotl ya se había acostumbrado a su carácter resolutivo, a sus ideas, a su voluntad de hacer algo distinto y que tuviese algún significado en un mundo donde eran pocos los que estaban preocupados por esa diferencia. Ella no había sido nunca una más y ese don del talento traía consigo la condena de la angustia: cuanto más capaz se sabía, más obligada se sentía a demostrarlo. Igual que ahora.

«Has muerto para mí». Las palabras de su padre volvieron a cruzarse en su cabeza. Y, de repente, tuvieron verdadero sentido. Desde que había abandonado su hogar, Xalaquia había aprendido a interpretar los signos de una realidad que, de repente, se abría ante ella como un mapa por descifrar. Un código secreto donde todo estaba dispuesto para que le diese una respuesta. Una visión que

la había construido como la mujer que ahora era. Segura. Decidida. Capaz de esconder sus fantasmas y afrontar su destino sin pedir permiso a nadie para hacerlo. En esa soledad y en esas sombras de un mundo ajeno al calor del hogar había hallado su independencia, la fuerza que la acercaba a Ocelotl y que, por momentos, sentía que también lo atraía.

Por eso no se sorprendió cuando vio la verdad que se ocultaba en aquellas duras palabras del venerable Ohtonqui. Los dioses, caprichosos en sus mensajeros, habían escogido al más próximo de todos ellos. Al único al que Xalaquia jamás podría poner en duda: su propio padre. Sintió cómo un escalofrío recorría su piel cuando pensó en el significado preciso de sus palabras. Ahora ya no había duda. Por eso los conjuros de fusión eran tan peligrosos. Y más aún, fatales. Pero solo uno de ellos podría salvar a los que amaba de cuanto estaba punto de suceder. Y la mujer en que se había convertido no podía permitir que la tragedia ocurriera. Por mucho que su corazón se encogiese de solo pensar lo que estaba destinada a hacer.

—Deberías descansar. Estás agotada.

Ocelotl se acercó a ella con suavidad. Xalaquia sintió su presencia y notó de nuevo esa mirada que ya había sorprendido en sus ojos unas lunas atrás. Su forma de sentarse junto a ella. Ese lenguaje secreto que tienen los cuerpos y que el joven expresaba, sin ser consciente de ello, cuando se encontraban a solas, en medio de esa nada que ahora —en ese incierto ahora— se acababa de convertir en su todo. Ella no estaba segura de sentir algo parecido, no porque no fuera posible que ocurriese, sino porque la realidad externa le exigía demasiada atención como para atender a sus emociones. ¿Cómo pensar en qué sentía su cuerpo ante la presencia de Ocelotl cuando la ciudad que amaba —el mundo al que pertenecía— amenazaba con desvanecerse?

—Dame tiempo, por favor.

—Claro, Xalaquia. Seguiremos aquí hasta que se nos ocurra algo mejor... Antes o después veremos el modo de arreglar esta situación.

Xalaquia sintió cómo la mano del joven acariciaba las suyas. Fue una sensación extraña. Inesperada. Su cuerpo se tensó como no lo había hecho nunca y su piel despertó de un letargo en el que, sin saberlo, había estado siempre sumida. Él no dudó en aprovechar aquella energía que, era evidente, había nacido entre ambos cuerpos y acercó aún más el suyo. Desapareció la distancia y sus labios se buscaron con rotundidad. Sed de ser en el cuerpo ajeno. Una sed que solo acababa de comenzar y para la que Xalaquia no tenía nombre ni conjuro alguno. Solo sabía que, desde aquel momento, acababan de empezar a ser dos y que su cuerpo, el que ahora acariciaba y recorría Ocelotl, ya no querría resignarse —lejos de él— a ser de nuevo uno.

21

De noche, París no vive atravesada por el río, sino que se eleva sobre él. El agua nos devuelve el reflejo de sus calles y de nuestros propios cuerpos recorriendo, a nuestro lado, cada uno de los rincones que visitamos en esta primera y apresurada visita.

Nico camina delante, con Ángel, que desde que apareció en aquel extraño grupo de WhatsApp no se ha despegado de nosotros. «No creo que nos decepcione», ha vaticinado Nico en plena facultad de su cutresuperpoder de visionar el futuro. A unos pasos, y en una buscada soledad, los sigue Marina, que recorre la ciudad absorta en sus pensamientos, buscando respuestas que quizá ya ha comenzado a encontrar. El grupo lo cerramos Iván y yo, fingiendo que ningún tipo de magnetismo interactúa entre nosotros... Esforzándonos por mantener distancias y ser parte de un grupo en el que, a ratos, nos cuesta ver algo que no sean nuestras dos sombras fundiéndose —quién fuera ellas— sobre el suelo.

Caminamos los cinco sin rumbo fijo, con la única presión de un reloj anodino que marca la hora fijada de regreso en el hotel. Normas, cómo no. Normas de cuándo llegar. De cómo ser. De con quién existir. Las normas nunca tienen que ver con el porqué. Eso no pueden controlarlo. Eso —el porqué— a veces ni siquiera existe.

—No te pongas densa —se ríe Nico—. Tú déjate llevar.

Y lo hago. Es fácil olvidarse de todo en este lugar, creerse parte de sus bulevares, de las avenidas llenas de gente que, porque así he decidido creerlo, deben de esconder vidas bohemias y fascinantes. Idealizo cuanto sale a

nuestro encuentro y seguimos trazando un inacabable zigzag, de un lado a otro del río, de puente en puente, deteniéndonos en todos ellos para sentirnos dueños de cuanto desde allí vemos. Del mismísimo y arrogante París. Si tuviese que elegir una noche perfecta, un tiempo al que me gustaría poder regresar alguna vez, sería esta madrugada.

—No lo esperaba así.

—¿En qué sentido, Marina?

—No sé… Así.

Sonríe. Es la primera vez que sonríe de verdad en estas semanas. Será cosa del agua, me digo. Culpa de la magia de este río que se erige en protagonista absoluto de esta ciudad. De esta noche en la que nos sentimos, otra vez, libres. Exactamente igual que nos pasó en Madrid a Iván y a mí tras la fiesta en casa de Nico… «La levedad», lo llamó. Y así volvemos a sentirnos. Leves. Ingrávidos. Seres inmateriales que se funden con París y se convierten en reflejo de sus aristas, en memoria joven de sus luces y sombras.

Puede que hoy nos olvidemos del reloj. Que lleguemos tarde a la primera noche de este viaje. Incluso que mañana recibamos algún tipo de amonestación o de castigo por nuestra osadía. Pero eso, ahora que somos leves, no nos importa. Porque desde cada puente que atravesamos la vida parece diferente. Sin más normas que restrinjan nuestra libertad. Sin nada que nos haga pensar, por un solo segundo, que no estamos destinados, como el agua a nuestros pies, a ser eternos.

—¿Os habéis fijado?

Nico señala a una barandilla del puente que se ha desprendido a causa de todos los candados que había colgados en ella. Una valla metálica protege a los viandantes del hueco que, desde allí, nos separa del Sena —de la hipnosis que puedan ejercer sus ojos en nuestras cabezas— y un cartel de la policía francesa pide que, por motivos de seguridad, no se coloquen más candados en ese mismo puente.

—Son todos de parejas.

—Un poco cursi, ¿no?

—Tú siempre tan romántica, Abril.

—Ser romántica es algo muy distinto, Nico. No tiene nada que ver con lo que la gente entiende por romanticismo.

—¿Ah, no?

Se lo podría explicar, pero no lo hago. Hoy no quiero ser densa, como dice Marina. Hoy yo también quiero ser leve. Por eso no le cuento a Nico que el romanticismo tiene que ver con la oscuridad, con lo que no se habla, con lo que ni siquiera se puede expresar. El romanticismo es

Mary Shelley. Es Víctor Hugo. O mi adorado Tim Burton. El romanticismo es atreverse a ver lo que el otro nos esconde, lo que no podemos desvelar a nadie que no esté dispuesto a compartir el lado menos amable de nuestra vida... Me gustaría decirle todo eso, sí, pero entonces empezaríamos a debatir sobre el amor y romperíamos la magia de una ciudad que es una definición de ese amor en sí misma. Una ciudad que quiero que no termine nunca. Como esta noche.

Nos detenemos en el siguiente puente. Ya es demasiado tarde para llegar a tiempo al hotel. Nico, por si acaso, envía un mensaje a alguno de nuestros compañeros para que nadie se preocupe. Estamos bien. Mucho. Muy bien. Y por eso vamos a llegar... luego. Así que, ahora, ya han cesado las prisas. Se han roto las cadenas y los límites y las normas caen al fondo del río, como los candados que amenazaban con hundir el puente. Ahora que somos libres por una noche, al menos, nos permitimos el lujo de respirar unos minutos en medio de uno de esos puentes que atraviesan el río.

Siento una mano que se acerca a la mía. Que busca mi cintura. Y dejo que mi cuerpo sea abrazado mientras mantengo la mirada fija en el agua que refleja la silueta de alguien que está ahora junto a mí. Alguien que respira junto a mí. Sigo de espaldas. Porque sé que si me doy la vuelta acabaré enraizándome en él, formando parte también de su historia. Y él de la mía. Siento que esas raíces nacen a nuestros pies y, de algún modo, me impiden escoger otro camino que no sea el suyo. En el agua, nuestros cuerpos parecen dibujar el contorno de un árbol, una figura humana mucho más poderosa que la de cualquiera de esos candados que, digan lo que digan, no tienen nada de romántico. El amor, el que es de verdad, solo te enlaza a la vez que te libera. No es una condena que te anula. Es una raíz que te une, sí, pero que también te hace nacer de nuevo. Te hace ser de otra forma. Mucho más libre. Por eso me da miedo girarme y dejar que mi cuerpo le responda. Porque entonces empezaré a ser otra persona. Una nueva Abril que no tendrá miedo a expresar todo cuanto hay en ella. Todo cuanto sé —entre luces y sombras— que se oculta en mí y que la sombra que hay tras de mí sabrá leer.

A solo unos metros, los cuerpos de Nico y Ángel han entablado ya su propio diálogo. Y en el otro extremo del puente, lejos de todos, Marina parece disfrutar de su recién conquistada soledad. Todos empezamos a ser en esta noche. En este lugar. Es un inicio que me invita a girarme hasta que me encuentro con los ojos de Iván, de mi Jack Lemmon particular, que hoy, por primera vez desde que lo conozco, no tienen su habitual fondo de tristeza. Hoy son tan oscuros y tan penetrantes como la noche que nos envuelve a todos. Como la vida que siento a mi alrededor, mientras las raíces siguen creciendo y envolviéndonos con su savia y su fuerza.

 ¿Cómo era posible? Y, más aún, ¿quién era el responsable de semejante crimen?

Nadie tenía respuesta... Los rumores se extendieron con rapidez, pero ni los aztecas ni los extranjeros querían admitir su responsabilidad. Los españoles insistían en que no tenían interés alguno en asesinar a quien tan bien los había recibido y tratado, pero nadie en Tenochtitlan creía su palabra. El recuerdo de la matanza en el Templo Mayor estaba demasiado presente y muchos opinaban que era necesario hacer pagar a Alvarado y los suyos por semejante horror. Tampoco el regreso de Cortés apaciguó los ánimos, ni las intervenciones de aquella mujer, Malitzin, que expresó en lengua náhuatl a Cuitláhuac, el nuevo tlatoani, el dolor de los extranjeros por el misterioso asesinato de Moctezuma.

Tras la muerte del emperador nada podía seguir igual. Fuera quien fuese su asesino, no había quien pudiese aplacar las suspicacias nacidas entre quienes ahora compartían sin demasiado éxito Tenochtitlan. Ni Cortés había conseguido convencerlos de la inocencia de sus hombres, ni los aztecas podían esperar nada bueno de quienes habían degollado a sacerdotes, mujeres y niños en su Templo Mayor. La desconfianza crecía tan deprisa como el odio, y el asesinato de Moctezuma solo había servido para que la situación se hiciera aún más insostenible.

—¿No se ha sabido nada más, hijo mío?

—No, padre. Hay quien afirma que fue uno de los nuestros... Alguien descontento por la debilidad del emperador.

—¿Y tú lo crees?

Izel se encogió de hombros.

—Yo creo que el destino del emperador estaba escrito. Nada más. Quien haya trazado su final no me importa.

Sus palabras no sorprendieron a Ohtonqui. Bien sabía lo que opinaba su hijo sobre el rey que había confundido a los invasores con la reencarnación del mismísimo Quetzalcóatl. No sentía ningún tipo de admiración por aquel hombre y lo culpaba de la aciaga suerte de su pueblo. Además, Izel se encontraba especialmente rabioso y colérico desde su regreso de la expedición a Cholula. Se culpaba de haber dejado solo a Tezcatl y se creía responsable de una muerte que, tras tantas noches de ausencia, ya todos daban por segura. Contra su hermana sentía también un rencor profundo por haber desobedecido la voluntad de su familia y de los mismos dioses —¿quién era ella, una simple mujer, para desafiarles?— y contra sí mismo albergaba un incisivo sentimiento de culpa que lo volvía áspero y huidizo.

Por un instante, Ohtonqui se preguntó si no podría ser su hijo quien, en compañía de otros guerreros, hubiese dado muerte a Moctezuma. Si era cierto que su propio pueblo lo había asesinado, parecía lógico que fueran sus mejores hombres los que hubiesen hallado el modo de deshacerse de él... Pero pronto desechó aquella idea. No deseaba torturarse con un crimen que jamás podría demostrar y prefería creer que era otra traición más de los extranjeros, quienes, con Cuitlahuac en el poder, se sentían cada vez más intranquilos.

—Tenemos que hablar de tu futuro.

—Poco importa mi futuro cuando está en juego el de todo nuestro pueblo.

—Ambos están relacionados. Cuanto nos sucede influye en la vida de los demás...

—¿Y qué habéis decidido, padre?

—Quiero que prolongues nuestro linaje con Zeltzin.

Izel no mostró ningún entusiasmo. Tampoco rechazo. Tan solo escuchó y acogió aquella orden con la solemnidad con la que ejecutaba las instrucciones militares. Sin un ápice de sentimiento o pasión. ¿Zeltzin? Bien estaba elegida. En ese momento no tenía sentido preocuparse por nada que no fuera la inestable situación de Tenochtitlan y la inminente amenaza que representaban los extranjeros y tlaxcaltecos instalados en ella. Ya habría tiempo para conceder a su padre aquel deseo y entregarle una descendencia fuerte y, a ser posible, numerosa.

—Así se hará.

No esperaba una reacción entusiasta, pero al anciano le sorprendió la frialdad con la que su hijo recibió sus palabras. Era, sin duda, mucho más conveniente que la rebeldía que había mostrado Xalaquia y que tan funestas consecuencias había traído consigo, pero le habría gustado entrever algo de entusiasmo en aquel hombre al que la realidad parecía haber robado los últimos vestigios de su juventud. Nada había de jovial en Izel: la madurez había traído consigo el peso de una responsabilidad desmedida, una nube de tormenta que parecía cargar consigo desde que los extranjeros habían arribado a sus tierras.

En realidad, no podía culparle por ello. Sobre todo cuando no quería confesarle el verdadero motivo de su decisión: si había elegido a Zeltzin, era porque quería tener cerca a la joven que le había entregado la profética piel de venado. No le había sido difícil adivinar de dónde provenía aquel sortilegio y, aunque su orgullo herido le impedía romper el silencio que lo separaba voluntariamente de su hija, mantener cerca de sí a Zeltzin le permitía sentir también próxima, aunque fuera en la sombra y el anonimato, a Xalaquia.

Además, no podía prescindir ahora de augurios ni presagios: Ohtonqui estaba seguro de que algo terrible estaba a punto de suceder. Así que, sintiéndose incapaz de impedirlo, eligió rezar a sus dioses para rogarles que, cuando todo ocurriese, pudiese continuar el círculo de su vida tan pronto como se cerrase el de su muerte.

22

Cambio de planes.

Nos informan de que se pospone para mañana la visita al Museo du Quai Branly y nos avisan de que quizá hoy la ciudad sufra cortes de tráfico y otras alteraciones a causa de la convocatoria de una manifestación que podría colapsar el centro de París. Resulta difícil imaginar la calma de anoche interrumpida por la previsible vorágine de hoy, pero parece ser que se ha convocado una gigantesca marcha de Amnistía Internacional que podría ser reventada, a su vez, por ciertos grupos de ultraderecha, envalentonados tras ver cómo han crecido sus filas en las últimas elecciones europeas.

Que la historia sea una mierda es algo a lo que empiezo a acostumbrarme. Pero que además se repita con todas sus dosis extra de violencia me cuesta bastante más asumirlo. El desayuno, de todos modos, no da para grandes debates políticos, porque César se sienta con nosotros para reprocharnos nuestro egoísmo de anoche. Y no es que no tenga su parte de razón —es más, nos esforzamos por mostrar una expresión lo bastante compungida como para que perciba un atisbo de arrepentimiento—, sino que ayer necesitábamos ese oxígeno por mucho que no logremos explicárselo.

Nos pide que no se repita y, a cambio, se compromete a no sancionarnos siempre que seamos discretos al respecto. Accedemos, claro, aunque no estamos seguros de que no vaya a repetirse. Tenemos aún seis días y cinco noches por delante en una ciudad donde resulta difícil no querer perderse, así que puede que incumplamos el pacto si el río y las calles que lo rodean vuelven a reclamarnos.

—Tengo que enseñaros algo.

—¿El qué, Marina?

—Estaba en nuestra habitación. ¿No te has dado cuenta?

—No.

Saca de su mochila un sobre con el membrete del hotel. Dentro, en un folio, aparece escrito un poema con una caligrafía que no somos capaces de identificar. Las palabras, marcadas en un estridente color rojo, parecen escritas con sangre en vez de tinta, aunque resulta evidente que no es así.

—Léelo.

—No tiene sentido.

—Bueno, Marina, pero tú léelo.

El camino se cierra en el inicio.
Y se abre en su final.
Una muerte abre el tiempo
que otra muerte cierra.

Enséñame, Tlaloc, el lugar donde la vida se hace círculo.
Donde los cuatro somos hoy.
Donde los cuatro fuimos siempre.

—¿Tlaloc?

—Otra vez ese nombre...

—Sí, el mismo del grupo de WhatsApp.

—Es la segunda vez que nos tropezamos con él. No puede ser casualidad.

Iván, que ha escuchado con especial atención la lectura de Marina, nos interrumpe.

—Claro que no. Es pura matemática.

—¿Otra vez con eso?

—Es que es verdad.

—¿El qué es verdad?

—Stephen Hawking escribió algo muy parecido a lo que dicen esos versos.

—¿Algo como qué? ¿También le dio a él por hablar de Tlaloc?

—No. Pero sí escribió mucho sobre el tiempo... En uno de sus libros escribió que «las leyes de la ciencia no distinguen entre el pasado y el futuro».

—¿Y eso qué tiene que ver aquí?

—Eso es exactamente lo que dice ese poema. Que el fin es el inicio. Y el inicio, el fin.

—Pero ¿de qué estás hablando, Iván? ¿De viajar en el tiempo?

—Estoy hablando de que a lo mejor hay más dimensiones de las que conocemos. La teoría de cuerdas, por ejemplo, afirma que hay muchas más dimensiones espacio-tiempo que las cuatro que creemos controlar. Y si eso fuera así, ¿qué nos impediría llegar a otra dimensión desconocida? ¿A otro marco temporal?

—No sé qué te han puesto en el café, pero no te sigo.

Solo me consuela comprobar que Marina y Nico —que, por cierto, no deja de mirar embobado hacia la mesa donde está sentado Ángel— parecen tan perdidos como yo.

—Tiene todo que ver con el tiempo, Abril. Piensa en una llamada telefónica. Sabes que hay una diferencia, por mínima que sea, entre el tiempo de quien te habla al otro lado y el tiempo en que tú lo recibes. Pero tú crees que es simultáneo. Que su presente es también tu presente, ¿verdad?

—Sí.

—Pues no lo es.

—¿Y?

—Que a lo mejor todo esto tiene que ver con eso mismo. A lo mejor hay algo que está sucediendo en otro presente del que nosotros somos también parte. No te hablo de viajar al futuro ni de ciencia ficción. Te hablo de otro lugar en el que sucede otro presente que a la vez es parte y causa del nuestro.

—Creo que voy a enloquecer.

—No sé por qué te cierras...

—¿Por qué me cierro? Porque mi vida ya se ha complicado bastante estos meses como para sumarle tus teorías matemáticas. Se me han roto demasiadas cosas últimamente y no creo que haya un tiempo paralelo esperando para recomponerlas.

—Entropía.

—¿Cómo dices?

—Lo que acabas de describir es la tendencia natural al caos.

—¿Yo he descrito eso? ¿Tú estás seguro?

—Sí. Y se llama entropía. Todo tiende al desorden. Todo sistema tiende a que se rompan y mezclen sus elementos. No al revés. Es como una taza; una vez que se rompe, nunca se vuelve a recomponer. ¿Me seguís?

—Pues mi vida es una entropía continua desde hace un año...

—A lo mejor estos mensajes que estamos recibiendo son el modo de rehacer la taza.

—¿De qué taza hablas?

—Siento interrumpir este apasionante coloquio, pero tenemos que estar listos en cinco minutos.

—Está bien, Nico. Ya vamos. Por cierto, ¿y ese chupetón?

—Gajes de París.

—Claro.

Subo a mi cuarto a lavarme los dientes y pienso que me gustaría creer a Iván. Convencerme de que cada uno de los hechos fuera de lo común que nos han sucedido estos días es parte de algo que sí tiene sentido. Eso sería hasta razonablemente sano en un momento en el que no acabo de verme ni de conocerme del todo. Puede que sentirme parte del tiempo de otro alguien hasta me ayudase a salir de este egocentrismo que no me beneficia. Pero me cuesta verlo así. No quiero poner en duda los escasos ejes —espacio y tiempo— sobre los que sostengo mi visión de la realidad. Dudar también de eso podría significar dudar de todo. Y en este maldito curso, en el que he descubierto que hasta quienes aseguraban ser siempre sinceros conmigo han construido mi vida sobre una mentira, no sé si necesito dudar de nada más.

Xalaquia

 Nunca nadie les había pedido que cogiesen las armas, pero el nuevo emperador sabía que necesitaba contar con ellas si quería tener alguna esperanza contra los invasores. La orden circuló de boca en boca, con sigilo, de modo que los españoles no pudiesen adivinar que el número de sus enemigos en Tenochtitlan estaba a punto de duplicarse.

Por orden del nuevo tlatoani, todas las mujeres debían defender sus hogares. Se les pedía que subieran a torres y azoteas armadas de lanzas y piedras con las que hacer frente a las tropas contrarias. Cuauhtémoc sabía que los extranjeros no esperarían tal hostilidad y, confiados en que solo habían de temer la violencia de los hombres, resultarían mucho más vulnerables ante el inesperado ataque de las mujeres.

—¿Ahora se cuenta con nosotras? ¿Cuando todo está a punto de perderse?

Xalaquia, que no tardó en conocer la noticia gracias a Zeltzin, se sentía indignada. Si la hubieran escuchado antes... Si alguien se hubiese parado a pensar en lo ridículo que resultaba relegar el futuro de un pueblo a uno solo de sus sexos... Ya era muy tarde. Las mujeres no estaban entrenadas para una lucha en la que nadie las había ejercitado, y los españoles se sabían capaces de doblegarlos con la ayuda de los tlaxcaltecas que los acompañaban. Ni ella ni Ocelotl habían hallado el modo de romper aquella alianza y, escondida en su refugio, Xalaquia buscaba las palabras exactas para su conjuro. Estaba convencida de que no eran los ingredientes, pues todos cuantos necesitaba habían sido convenientemente encontrados por Ocelotl, sino los nombres: en ellos residía la clave de ese conjuro con el que se abrirían las puertas del malinalli. Y escribía versos que, por más que repetía, seguían sin surtir efecto alguno. ¿Qué palabra secreta faltaba en ellos? ¿Cómo podría averiguarlo cuando el tiempo se empeñaba en avanzar raudo siempre en su contra?

—Tu padre tiene que saberlo.

—Intenté decírselo, Zeltzin.

—¿Y vas a rendirte? Es un viejo testarudo... Pero te quiere.

—Quiere más a sus leyes y a su honor que a su propia hija.

—Ven conmigo. Sé cómo podemos convencerle.

—Escucha a tu amiga —Ocelotl apoyó la idea de Zeltzin.

—No servirá de nada.

—Tampoco nos queda nada que perder... Ve con ella. Yo os esperaré aquí.

Xalaquia se mostró reticente; sin embargo, al final lograron convencerla. Lo que ignoraba es que tampoco para Zeltzin había sido una decisión fácil, pero ella ya tenía edad y experiencia como para saber que las elecciones importantes nunca lo eran. Su amiga estaba dispuesta a sacrificar su futuro con Izel si su prometido no se comprometía a ayudarla en el regreso de Xalaquia. Solo si se unía a ellas en la conversación pendiente con su padre, Zeltzin se plegaría a los deseos de esa futura boda.

De lo contrario, así se lo diría, sumarían otra deshonra más a la familia: la negativa de una joven que no dudaría en imitar la huida de su mejor amiga si eso era necesario.

—Es arriesgado. Mi hermano es cabezota, como nuestro padre. No sé si accederá.

—Al menos, podemos intentarlo. No creo que desee arriesgarse a que se repita la historia dos veces... Además, eres su hermana. Querrá tenerte junto a él.

—No estoy tan segura.

El camino de regreso les resultó a ambas más breve de lo esperado. Xalaquia, que no se sentía preparada para afrontar aquel encuentro, hubiera preferido que sus pasos se prolongasen en el tiempo, pero bastó apenas media jornada para hallarse de nuevo ante las puertas de su casa en Tenochtitlan. La noche empezaba a caer sobre la ciudad y las estrellas, reflejadas en el agua de las lagunas, le parecieron extrañamente sombrías; debía de ser alguna suerte de funesto presagio.

—¿Lo ves?

—¿Ocurre algo, Xalaquia?

—Dime si lo ves...

Zeltzin negó con la cabeza. En ese mismo instante Xalaquia estuvo segura de que aquel era el prodigio que esperaba. Por eso su amiga era incapaz de leer el nombre que se dibujaba en la laguna. Las estrellas, en la densa oscuridad de la noche, se reflejaban en el agua trazando un nombre: Tlaloc.

—Las luces nos guían...

—¿Qué sucede, Xalaquia?

—Solo lo que esperaba que sucediera.

La joven sonrió al comprobar que su intuición tampoco esta vez la había engañado. Era un nombre lo que necesitaba, igual que lo había sido siempre. Los nombres que habían presidido su destino y que marcaban las vidas de su gente. Ahora ya tenía el que necesitaba para que la magia hiciese su trabajo: Tlaloc. Aquel era el dios al que debía destinar su conjuro. El dios que abriría las puertas de una realidad donde la sangre no alcanzase a quienes quería. Ya no podía prolongarlo más: era necesario comenzar el ritual cuanto antes. Un acto que requería la intervención de quienes ya eran y de quienes, lunas después, habrían de ser. En eso residía el mayor de los interrogantes: ¿y si quienes habían de cerrar el ciclo nunca llegaban a hacerlo? Depositar la esperanza en gentes de otros lugares y tiempos la desazonaba, pero solo abriendo el ciclo de la vida que habían creado sus dioses podría escapar del círculo de muerte que se cernía, inminente, sobre su mundo.

—¿Puedes esperarme un momento, Zeltzin?

—¿Qué vas a hacer?

—Necesito estar sola.

—Pero...

Xalaquia se separó por un instante de Zeltzin y, tras asegurarse de que tampoco ella podía verla, se arrodilló y puso las manos sobre el suelo. Sabía que su presente estaba decidido: nada había ya que los hombres pudieran hacer contra la violencia que estaba a punto de estallar. Así que, tras pedir la protección de sus dioses, dispuso junto a sí los ingredientes que había recogido para ella Ocelotl a lo largo del tiempo que habían compartido juntos. Los sacó con cuidado de la pequeña faltriquera que llevaba consigo y, una vez extendidos sobre la tierra, comenzó a arrastrarse mientras susurraba el conjuro más arriesgado que había pronunciado jamás. De él dependerían sus destinos en adelante. De esa puerta que ahora estaba a punto de abrir y que alguien —en el tiempo y lugar que fuese— debería ser capaz de cerrar. Las palabras, como de costumbre, brotaron de su boca sin que ella pudiera controlarlas. Su voz solo traducía los sonidos que las ramas de los árboles susurraban al agitarse sobre su cuerpo.

El camino se cierra en el inicio.
Y se abre en su final.
Una muerte abre el tiempo
que otra muerte cierra.
Enséñame, Tlaloc, el lugar donde la vida se hace círculo.
Donde los cuatro somos hoy.
Donde los cuatro fuimos siempre.

Agazapada entre las sombras, se desplazaba bajo los árboles como si fuera un animal salvaje, esperando una señal del dios de la lluvia y del trueno al que había destinado su plegaria. El conjuro ya había arrojado otra de las respuestas que necesitaba: *donde los cuatro somos hoy*. No tenía duda de quiénes debían componer ese número mágico y ahora solo necesitaba un indicio más, un último gesto que la guiase hasta alguno de los malinalli que, si el presagio no la había engañado, debía de hallarse muy cerca de allí.

Mientras repetía las palabras de su conjuro de fusión, pronto se descubrió dando vueltas en círculos en torno a un mismo lugar. Le resultaba imposible abandonar el movimiento o cambiar la dirección, como si sus piernas y manos se aferrasen a la tierra con tanta fuerza que quisiesen penetrar en ella. Luchó contra su propio cuerpo hasta sentir un agudo dolor que inmovilizó todos sus miembros. No podía seguir. Solo intentar moverse ya era una auténtica tortura. Paralizada e incapaz de cambiar de postura, supo que aquel era el punto en el que debía poner en práctica su improvisado plan. El gran Tlaloc había designado el lugar donde se abriría el malinalli anudando su cuerpo a la tierra: ahora le correspondía a ella atar con fuerza ese lazo hasta trenzar el círculo correspondiente.

Con dificultad y tragándose las lágrimas que le provocaba el intenso dolor, consiguió ponerse en pie y romper la extraña fuerza que la condenaba a la horizontalidad y a la arena. Su nombre volvía a hacerse presente en otro momento decisivo de su vida, tal y como se esperaba de cuanto decía el *Tonalpohualli,* siempre preciso en sus oscuras predicciones.

Ya en pie, se cortó dos mechones del cabello y se hizo una pequeña incisión en el brazo derecho para bañarlos con su propia sangre. Las gotas cayeron bruscamente, con el mismo ímpetu con el que Xalaquia sentía que se estaba decidiendo —en esa jornada— su futuro. La noche estaba ya cerca y no podía permitirse el lujo de dejar nada al azar. Los dioses, los mismos que le habían concedido aquellos dones que la hacían especial, no la perdonarían si no aplicaba con inteligencia sus secretas artes.

Se apretó con fuerza el brazo para intentar que cesara la leve hemorragia y, después, enterró uno de los dos mechones en el lugar designado por Tlaloc, dios de la lluvia, esforzándose por que la extraña fuerza no volviese a arrastrarla al suelo. Si allí se hallaba realmente una de las puertas de entrada de uno de los malinalli que conectaban el ayer con el hoy y el mundo de los mortales con el de los dioses, eso era algo que no se podría saber hasta que ya no hubiera vuelta atrás, así que no merecía la pena sufrir preguntándose si había hecho o no lo correcto. Había hecho, en realidad, lo único que se podía hacer. Cualquier otra pregunta carecía de sentido.

Luego regresó junto a su amiga.

—Busquemos a tu hermano.

Xalaquia asintió y agradeció a Zeltzin su paciencia. Por suerte, su amiga ya no era la misma. Le costaba reconocer en aquella joven decidida y valiente a la antes apocada Zeltzin. Estaba claro que los hechos —los que se veían y los que apenas se presentían— las habían transformado a las dos.

—Si algo ocurriese...

—¿Algo?

—Zeltzin, escúchame, por favor. Si algo me sucediese, entrega esto a Ocelotl y dile que lo entierre y se lo ofrezca a Tlaloc, dios del trueno y la lluvia. Es importante que lo hagáis juntos.

—¿Y tú? ¿Por qué no lo haces tú?

—No preguntes más.

Su amiga tomó aquel mechón de pelo ensangrentado y lo guardó con estupor, pero le dio su palabra a Xalaquia de que, si era necesario, cumpliría con su petición.

—Debemos darnos prisa. Está empezando a amanecer.

23

Había pensado mucho en qué te diría, papá. Claro que lo había pensado... Hasta había imaginado cómo nos reencontraríamos y con qué palabras trataría de contarte cómo me siento y cómo me gustaría sentirme. Lo había planeado todo... Pero jamás imaginé que nos veríamos así. Ni que te mandaría un mensaje como el que te he tenido que escribir esta tarde.

Iván sigue en el hospital. Parece que va a salir de esta, pero la conmoción ha sido grave y todavía hay posibilidades de que todo se vaya a la mierda. He llorado. He llorado todo lo que no he llorado en estos dieciséis años y aún lo seguiría haciendo si no me hubiese convencido de que va a superarlo. «Esto se va a arreglar», me has prometido en cuanto me has visto, y yo, que sigo siendo una idiota, te he creído. Aunque tenga menos fe en tus palabras. Aunque en los últimos meses haya visto partes de ti que no me gustan o que no entiendo.

La policía francesa, por lo menos, ha sido amable con nosotros. A pesar de todo... Marina sigue en la comisaría. César ha acudido de inmediato y Carla se ha quedado con el resto del grupo en el hotel. No debería complicarse demasiado, pero Marina tiene que explicar lo que ha hecho. Y, sobre todo, por qué lo ha hecho. Los agentes que nos han tomado declaración se han esforzado por entendernos a pesar de nuestro mal francés y enseguida han buscado a alguien que hablara español para que pudiéramos darles todos los detalles. Ha sido doloroso volver a vivirlo. Verbalizarlo. Y más aún sabiendo que Iván estaba en el hospital, luchando por su vida. Pero sé que va a ganar, ¿verdad, papá? Dime que la victoria es suya.

Todavía no sé bien cómo ha sucedido. Solo recuerdo la calle donde nos habíamos perdido. Teníamos la tarde libre y habíamos decidido ir a visitar algunas zonas menos turísticas de la ciudad. Queríamos ver el París real, el que no sale en las postales ni en los libros de arte. Pero no era fácil moverse: la manifestación inundaba las calles y los gritos contra la violencia y la opresión social lo llenaban todo. Las pancartas de Amnistía contrastaban con las insignias de algunos grupos nazis que habían salido buscando provocación y a los que, por suerte, mantenía a raya la policía. La ciudad ardía y, a pesar de los esfuerzos por imponer la normalidad, parecía que las llamas podrían devorarnos en cualquier momento.

«Vámonos —les he dicho—. Vámonos de aquí». Habíamos conseguido alejarnos del bullicio y nos encontrábamos en una zona tranquila. Solitaria. Apartados de todos... La calle estaba desierta y, de pronto, he tenido un mal presentimiento. Nico y Ángel se hacían los remolones apoyados contra un muro en una postura empalagosa. «Venga, chicos», les ha insistido Iván. Pero no ha habido tiempo de nada más. Porque es entonces cuando ha sucedido todo...

Un coche que se detiene. Cuatro tipos que se bajan. No entiendo qué dicen. Gritos. Ruido. Mucho ruido. Identifico el tatuaje de una esvástica en el brazo de uno de ellos. ¿Sus rasgos? No sé. No me ha dado tiempo de mirar más. Solo he visto cómo se abalanzaban sobre Nico y Ángel. Van directos contra ellos. Llevaban algo en las manos. ¿Una llave inglesa? No lo he visto bien. Brillaba. Algo contundente y que brillaba. Iván se va hacia ellos. Nico y Ángel intentan esquivarlos. Oigo los golpes. Pido ayuda. ¿Policía? ¿Por qué no viene nadie? Marina y yo intentamos apartarlos. Recibo un golpe en el estómago y caigo al suelo. Marina saca una navaja de la mochila. Una multiusos. Iván está en el suelo. Uno de ellos se ceba con él dándole patadas mientras los otros inmovilizan a Nico y a Ángel. Marina no se lo piensa y, sin darles tiempo a reaccionar, clava la navaja sobre la bestia que pisotea a Iván. Gritos. Sangre. Se vuelven contra ella y la tiran al suelo justo cuando suenan, por fin, las sirenas. Entran deprisa en el coche. ¿La matrícula? No pude verla. No la recuerdo. Arrancan y dejan al tipo que iba con ellos, desangrándose. Marina deja caer la navaja. Iván no se mueve. Nico y Ángel hacen señas a los agentes.

Lo demás... Lo demás ha sido la comisaría. Y el hospital. Y explicar lo que ha sucedido. Lo demás es creer que todo esto solo es una pesadilla. Que no puede ser real. Que voy a despertarme y me voy a dar cuenta de que nada de esto ha ocurrido en realidad... Lo demás ha sido llamarte y abrazarnos, porque hoy no necesito nada más. Hoy solo quiero eso. Que me abraces y me digas que esto no es verdad. Que no ha pasado nada.

En el grupo, lógicamente, se han suspendido todas las actividades de esta semana. Los padres de Iván llegarán esta noche y supongo que van a necesitar todo el apoyo moral posible.

Iván ha entrado en coma.

Xalaquia

 Izel no pudo disimular la sorpresa al reconocer el rostro de su hermana. Desdibujada por el efecto de los primeros rayos del amanecer, su presencia parecía irreal.

—¡Tú aquí!

Su exclamación resultaba ambigua. ¿Emoción? ¿Rabia? ¿Felicidad? Xalaquia se sentía incapaz de interpretar el tono de su hermano y, en vez de dar el primer paso, se mantuvo inmóvil y esperó que fuese él quien le aclarase su sentido.

—No deberías haber regresado.

—¿Así es como te alegras de ver a tu hermana?

—Así es como me enfurece saber de la tristeza que has causado a mi padre y el deshonor que has causado a tu pueblo.

Zeltzin les pidió silencio a ambos y expuso sus argumentos a Izel con frialdad y contundencia. Tuvo que hacer un enorme esfuerzo para disimular la emoción que había bajo cada una de esas palabras, pero no podía dejar que el joven viese hasta qué punto se sentiría desgraciada si se veía obligada a renunciar a él. Solo sabía que, por intenso que fuese ese dolor, estaba dispuesta a hacerlo con tal de ayudar a Xalaquia. Conseguir que su amiga dejase de ser una paria entre los suyos le parecía mucho más importante que sus ensoñaciones románticas, así que hizo todo lo posible por evitar que le temblara la voz en su breve conversación con Izel.

Dejó caer las palabras con una dureza calculada y trató de ocultar la verdad que gritaban, rebeldes, sus ojos. Por suerte, el guerrero prefería mirar de reojo a su hermana, como si escudriñándola pudiera tomar una decisión sobre cuál había de ser su destino. Condenada a esa momentánea invisibilidad, Zeltzin se sintió más capaz de mentir sobre sus sentimientos amenazando con algo que, de producirse, desgarraría sus esperanzas.

—Está bien. Hablaré con nuestro padre... Aunque dudo que quiera escucharme.

—A ti sí te oirá.

—Zeltzin vendrá conmigo. Pero tendréis que esperar hasta la noche. Ahora a padre y a mí nos esperan asuntos de mayor importancia.

Xalaquia se quedó sola con Zeltzin cerca de la que fuera su antigua casa. No se atrevió a entrar, temía que la nostalgia pudiese hacerle dudar y poner en peligro sus planes. Recobrar olores y colores, sensaciones convertidas en objetos que, con inocencia, la devolverían a un tiempo en que todo era fácil. A esa edad en la que no se busca comprender, sino solo vivir, porque la vida en sí misma es sorpresa y juego inagotable. Esa edad de la infancia que le parecía hoy tan lejana y que había dado paso a una madurez forzada por circunstancias excepcionales. Zeltzin no dejaba de hablar, intentaba ayudarla a olvidar la tristeza de su desarraigo y confundía el silencio reflexivo de su amiga con una honda melancolía.

Xalaquia agradecía los esfuerzos de Zeltzin, pero se sentía mal cada vez que pensaba que ni siquiera ella conocía los verdaderos motivos de aquella visita. No había ido a presentarse ante el viejo Ohtonqui para recuperar un lugar en una vida que ya ni siquiera era suya. En realidad, solo se trataba de una excusa para reclutar a uno de los protagonistas necesarios de su conjuro, Izel, la noche en la que el círculo estaba a punto de cerrarse para volver a ser. Así lo había soñado días atrás y así lo confirmó cuando supo que el cuatro era el número elegido por Tlaloc en su conjuro. Cuatro nombres sobre los que se edificaba su vida y que debían desempeñar su parte en un arriesgado juego. Si les hubiese contado la verdad y les hubiese dicho lo que estaba a punto de hacer, ni Zeltzin ni Ocelotl le habrían permitido volver. Es más, Ocelotl se habría empeñado en acompañarla y eso habría impedido que sus planes concluyesen en la forma en que debían hacerlo. Cada uno de los cuatro —Zeltzin, Izel, Ocelotl y ella misma— tenía un papel en cuanto iba a suceder. Pero eso no se lo dijo a su amado Jaguar cuando se despidió de él. En ese momento solo lo besó. Fue un beso que les supo intenso y amargo, como si preludiara algo más que una simple separación. Ella volvería pronto, le dijo, ya fuera a recogerlo para llevarlo consigo a Tenochtitlan —si obtenía el perdón de su padre—, ya a reunirse de nuevo con él para emprender camino hacia nuevas tierras —si se confirmaba su exilio y la cólera de Ohtonqui—. Pero, aunque el tiempo y el espacio que habían de separarlos eran casi ridículos, ambos habían sentido en ese beso cómo se desplazaban hacia distancias desconocidas, lejos, muy lejos, en medio de lugares que no sabían describir y de tiempos que no podían siquiera imaginar. Fueron solo unos segundos, pero creyeron que habían transcurrido estaciones enteras, ciclos de vida que se habían dado encuentro en aquel beso al que habrían de aferrarse mientras durase la espera.

En el abrazo que los había fundido a ambos se hallaba la promesa del reencuentro. Y, así lo pensó Xalaquia mientras se alejaba de Ocelotl, también la certeza de la pérdida. Porque, en realidad, su regreso no tenía nada que ver con la esperanza de una reconciliación —imposible— con su padre, sino con la necesidad de asumir el papel que sentía que le había sido asignado en la suerte de su pueblo. Nada de cuanto había hecho en las últimas horas había sido casual. Todo en su vida —así lo sentía Xalaquia— había sido siempre lógico y causal.

Tan pronto como se alejaron Zeltzin e Izel, ella corrió hasta el palacio de Axayácatl, donde seguían alojados Cortés y sus hombres. No le fue fácil llegar hasta allí, pero su misión era demasiado trascendente —aunque todavía no supiera bien de qué se trataba— como para derrumbarse ante los obstáculos que le surgían a cada paso. Ocultándose de sus gentes y de los tlaxcaltecas que seguían apoyando a los extranjeros, Xalaquia consiguió al fin acercarse lo bastante a los alrededores del palacio, donde pudo escuchar con nitidez a los soldados que, para su sorpresa, parecían estar recogiendo y disponiéndose a salir.

¿Para eso la habían citado allí los dioses? ¿Para ser testigo de la marcha de aquellos hombres? No entendía qué misión podría desempeñar en un episodio que, por suerte, parecía a punto de acabar para siempre. ¿Habían sido un error sus miedos sobre el destino de su pueblo? ¿Se había confundido en la interpretación de sueños y prodigios? Daba la sensación de que aquellos hombres, cuya lengua no entendía, se disponían a abandonar Tenochtitlan, y eso era, sin duda, lo mejor que podía sucederle al pueblo azteca. Despertar y comprobar que el nuevo día se había llevado consigo sus huellas como si nunca hubiesen existido.

El hombre al mando, el mismo que se hacía llamar Cortés y a quien había recibido con honores Moctezuma, salió del palacio y dio unas órdenes a los suyos. Xalaquia intentó recordar algún conjuro que le permitiese interpretar sus palabras, pero no conocía ningún medio de hacerlas inteligibles en su lengua. Segura de que algo estaba a punto de suceder, esperó con paciencia observando a aquellos soldados que, de repente, entraron sin mediar palabra en el palacio. ¿Dónde habían ido? Resultaba obvio que necesitaba seguirlos para averiguarlo, pero también era consciente del peligro que eso entrañaba si llegaban a descubrirla. Ni siquiera tendría tiempo de pedir ayuda, moriría atravesada por sus armas en el acto.

Aun así, Xalaquia no vaciló. Desde el mismo instante en que escogió escaparse de casa de su padre había decidido también afrontar con entereza su propio destino. No quería doblegarse ante nada ni ante nadie, solo ante su propia cabeza, su obcecado Tonalli, el alma de la inteligencia que jamás le perdonaría la rendición ni el miedo. Por suerte, sus otras dos almas —el embravecido corazón y las vehementes vísceras— estaban de acuerdo en que era necesario asumir el peligro e internarse en el palacio para descubrir qué era lo que preparaban aquellos hombres. Si eso servía para defender la ciudad y la gente que tanto había amado, ya era premio más que suficiente.

Se acercó con sigilo y, aprovechando un descuido de los guardias que custodiaban la entrada, consiguió pasar. Le bastó dar unos pasos para entender qué sucedía: todos saqueaban el palacio y llenaban alforjas de cuanto oro encontraban a su paso. Armados y voraces, Xalaquia supo enseguida que Axayácatl no iba a ser la única víctima de su saqueo, sino que, aprovechando el sueño de los habitantes de Tenochtitlan, correrían a hacerse con cuanto encontrasen en sus hogares y ya fuese hombre, mujer o niño, acabarían con quien quisiese impedírselo.

Tenía que dar la voz alarma. Corrió y, en las mismas puertas del palacio, invocó a Ehécatl, el dios del viento. Solo a él podía suplicarle que su grito despertase a todos los habitantes de Tenochtitlan, que pusiese en guardia a sus guerreros, que sacase de sus lechos a las mujeres y las hiciese empuñar las armas con las que defender su vida y la de sus familias.

Lleva mi voz, Ehécatl.
Haz que se rompa el embrujo de este sueño,
que se renueve el círculo,
que se abra el día que ha de poner fin
a esta noche de sangre y de horror.

Comenzó a recitarlo con suavidad. Sin alzar la voz. Las palabras salían fluidas, casi autónomas, como si tuvieran vida propia y necesitasen ser expresadas más allá de los deseos de quien las pronunciaba. Poco a poco fueron elevándose hasta hacerse cada más vez fuertes, más audibles, y dibujaron sus sonidos en un viento fuerte y huracanado que rompió el sosiego y el sueño de la ciudad. Los verbos se transformaron en hogueras que estallaron, una tras otra, a lo largo de las calles y la laguna, alumbrando las casas y despertando con su luz a quienes dormían ajenos a la traición que los extranjeros estaban preparando.

Los soldados salieron del palacio desconcertados y Xalaquia, sin pensarlo siquiera, comenzó a correr. Repetía, en cada zancada, los versos de su plegaria, convencida de que su obligación era despertar a aquella ciudad que se había sumergido en el sueño de su lago. Y mientras intentaba esquivar a quienes la perseguían —sí, podía sentirlos tras ella—, pensaba en Ocelotl, en todo lo que no había tenido tiempo de decirle. Y en el anciano Ohtonqui, en ese perdón que jamás conseguiría. Y en su hermano Izel, en cuyas artes de guerrero confiaba para salvar al pueblo de la destrucción. Y en Zeltzin, que le había demostrado cuál era la verdadera naturaleza de su amistad. Pensó en todos ellos —incluso en los rostros de quienes aún no conocía y debían cerrar su último conjuro— mientras recorría la ciudad en medio de la noche, sembrando el fuego de la conciencia a su alrededor y oyendo cómo los guerreros aztecas cogían sus armas dispuestos a plantar cara a los extranjeros.

Pero ella nunca llegaría a ver aquella batalla. Lo supo en cuanto sintió el frío hierro que atravesó su espalda. La lanza la había alcanzado sin dificultad y su cuerpo se desplomó sobre la tierra. Vio cómo alguien se acercaba a ella y dedicó un último pensamiento a la encargada de dar el siguiente paso en su trágica historia.

—Zeltzin...

La muerte. Ese era el elemento imprescindible para su conjuro de fusión. Y había sido su padre quien, sin ser consciente de ello, le había dado la llave para que la magia se hiciese posible. Por eso no pudo confesarle a Zeltzin ni a Ocelotl sus verdaderas intenciones. Porque no le habrían permitido hacerlo. No habrían entendido que solo entregando su vida podría volver a empezar el ciclo que ahora se cerraba. Solo de su final podía esperarse el nuevo inicio. Por desgracia, la suya era solo la primera de las dos muertes que se necesitaban para que el círculo se dibujase de nuevo. Xalaquia lo sabía: *una muerte abre el tiempo que otra muerte cierra*. Si sus deducciones no estaban equivocadas, una vez que completaran el conjuro quienes se encontraban al otro lado del malinalli, alguien tendría que volver a cerrar esa puerta para que los dos universos mantuviesen su existencia y su equilibrio. El conjuro, según había aprendido en sus años de secreto espionaje a los chamanes, permitía devolver la forma a cuanto se hubiera roto, de modo que lo hacía regresar todo al momento que fue, justo al instante donde la vida ostentase su forma más perfecta. Pero si nadie lo cerraba a tiempo no había regreso ni camino alguno posible. Ojalá quien tuviera que entregar su sangre fuera, llegado el momento, tan decidido como lo había sido ella. Pero eso,

por desgracia, ya no estaba en sus manos.

El dios Ehécatl recogió su voz y arrastró aquel nombre consigo por todo Tenochtitlan. Cuando llegó al lugar donde Izel y Zeltzin se hallaban reunidos con el anciano Ohtonqui, los tres supieron que aquellos sonidos impregnados de muerte y de agonía pertenecían a Xalaquia.

No volverían a verla con vida.

24

Estos días han sido una maldita pesadilla. Iván sigue luchando en esa frontera invisible entre la vida y la muerte desde la que resulta imposible saber siquiera si es consciente de que estamos junto a él.

Marina ha tenido más suerte y la policía ha creído su palabra; imagino que hay demasiadas evidencias sobre los hechos como para poner en duda su versión. No sabemos aún si deberá enfrentarse a cargos judiciales o si bastará con su confesión y nuestro testimonio de que actuó en defensa propia. Nico y Ángel, por suerte, solo han sufrido algunas magulladuras, y yo me esfuerzo por fingir una fortaleza que ahora mismo no encuentro para evitar derrumbarme.

Mañana deberíamos regresar a casa, pero los médicos aconsejan no trasladar aún a Iván. Y si él se queda en París, yo también pienso hacerlo. Ya lo he hablado con mi padre y está de acuerdo. Me instalaré en su casa unos días, el tiempo que haga falta, aunque mi madre piensa que esto es una locura y que, lamentablemente, una situación así podría llegar a eternizarse.

—¿Podemos hablar?

—Claro, Marina.

—Le he estado dando vueltas...

—¿A qué?

—A los mensajes.

—Ahora no me apetece hablar de esa bobada.

—¿Y si no lo es, Abril?

—¿Si no es qué?

—Si no es una bobada.

—¿Ahora sí te vas a creer todo eso? Pero si tú eras la que decía que no ibas a perder el tiempo en estupideces...

—Ya, pero... No sé, Abril. No tiene sentido.

—¿El qué?

—Que todo se haya complicado tanto desde que empezamos a recibirlos. Es como si... Vas a pensar que me he vuelto loca.

—Sigue, anda.

—Como si estuviéramos viviendo unas vidas que no son las nuestras.

—¿Tú también?

—Lee.

Obedezco y leo.

—*El lugar destinado a la muerte será, en la sexta noche, el lugar destinado a la vida.* Ya. ¿Y?

—Hay que buscar ese lugar.

—¿Te has vuelto loca?

—¿Y si todo esto tiene que ver con Iván? ¿Con lo que nos pasó?

—Marina, ¿estás hablando en serio?

—No perdemos nada... Y hoy es la sexta noche.

—¿Qué sexta noche?

—La sexta desde que llegamos a París.

Consigue hacerme dudar.

—Aquí hay algo que no cuadra. ¿Me lo vas a negar?

—Son cosas diferentes.

—¿Estás segura?

—¿Tú también me vas a soltar el sermón sobre el tiempo y sus límites?

—Deberíamos intentarlo... Por él.

Golpe bajo. Bajísimo. Recurrir a lo que siento —sentimos— por Iván es un modo mezquino de conseguir mi adhesión. Pero, para qué negarlo, también muy eficaz. No sé si el tiempo es, como él decía, tan difuso, ni si todo lo que ha pasado hasta ahora guarda algún tipo de conexión o lógica que se nos escapa, pero es cierto que no intentarlo sería algo así como traicionar sus ideas. Y eso no. Eso ahora sí que no. Dudo que nada de lo que hagamos consiga hacerlo despertar en esa maldita cama, pero si hay que buscar un lugar de muerte que se ha de convertir en un lugar de vida, lo buscaremos. Claro que sí. Aunque solo sea para hundirnos aún más y comprobar que la realidad sigue dándonos la espalda en la habitación donde ahora mismo está encerrado Iván.

—Si la sexta noche es hoy —me repite—, no tenemos más que unas horas para encontrarlo.

—Podría estar en cualquier sitio... ¿Cómo vamos a dar con un lugar que desconocemos? En una ciudad que no es la nuestra...

—Hay que releer todos los mensajes.

—¿Otra vez?

—Otra vez.

—No vas a encontrar nada en ellos. Son solo poemas, profecías absurdas, nombres extraños...

—Nombres aztecas.

—Sí.

Marina corre y busca entre los papeles que hay sobre la mesa el plan de viaje que la realidad nos ha obligado a

cancelar. Cuando da con él, subraya con rabia uno de los espacios que se suponía que íbamos a ver.

—¿Lo intentamos aquí?

—Marina, ¿de verdad crees que...?

—¿Un museo no es *un lugar dedicado a la muerte*?

Silencio. O yo estoy enloqueciendo por completo o lo que me propone Marina hasta tiene sentido.

—No creo nada, Abril. Lo que sé es que me está matando seguir de brazos cruzados. Y que Iván, en nuestro lugar, haría lo mismo.

Estoy convencida de que no va a servir de nada... Pero su razonamiento no admite discusiones. Si hay una mínima posibilidad de que Iván abandone esa cama, tenemos que intentarlo... Y eso, si Marina tiene razón, supone hablar con mi padre.

—Él es nuestra única oportunidad.

—¿Piensas que se va a creer algo de esta locura?

—Hazlo por Iván.

Me he tragado el orgullo y le he mandado un *whatsapp*. Mi padre me ha propuesto recogerme en el hotel, pero he preferido que me diera su dirección y pagar un taxi con el dinero que aún me queda. Apenas he gastado nada estos días y me apetece hacer ese camino a solas, pensando qué voy a decirle cuando lo vea. No es nada sencillo lo que quiero pedirle y tampoco sé si está justificado. En realidad, es una medida más que desesperada, pero —como dice Marina— tenemos que intentarlo. Por Iván.

—Me juego el cuello, Abril.

—Lo sé.

—¿Y aun así me pides que lo haga?

—Es importante... Y me lo debes.

Empleo con mi padre la baza de la culpabilidad. Lo sé. Es rastrero e indigno de mí, pero no se me ocurre otro modo de conseguir que haga algo como esto. Siempre ha sido un fiel cumplidor de las normas, así que no le va a resultar nada fácil saltárselas y arriesgar su trabajo por una corazonada de tres adolescentes que suena, a todas luces, irracional.

—¿No conoces a alguno de los de seguridad?

—Sí, pero... Nunca les he pedido un favor así.

—Yo tampoco, papá. Hace mucho que no te pido nada.

—No hagas eso.

—¿El qué?

—Chantajearme.

Llámalo como quieras, pero necesito que me abras el museo. Que nos dejes entrar. No vamos a hacer nada. De verdad. Solo necesitamos unir piezas. Atar cabos. Hoy es la sexta noche. Y todo museo es un lugar consagrado a la muerte. A quienes ya no están. Un lugar de cadáveres que visitamos como si estuviéramos contemplando belleza en vez de sordidez. Tu museo está lleno de muertes. África. Asia. Oceanía. América. Testimonio de genocidios y de ambiciones coloniales. Todo cabe en las vitrinas del Quai Branly, ¿no es así, papá? Solo necesitamos encontrar algo que tenga sentido. Algo que sumado a estas palabras nos permita averiguar qué vidas estamos viviendo. Porque empiezo a sospechar que cuanto está ocurriendo aquí no pertenece a mi tiempo...

Iván no puede estar en esa cama. Marina no puede

haber acuchillado a nadie. ¿No te han hablado nunca de la entropía? La entropía es una mierda. La entropía dice que todo se estropea. Que es normal que una taza se caiga y se rompa, pero que la taza jamás se elevará para recomponerse ante nuestros ojos. Y yo quiero que eso suceda. Yo quiero que la taza vuelva a estar completa. Que nada se rompa. Que las heridas no duelan. Que esa noche que hemos vivido por culpa de esos bestias no suceda jamás. Quiero regresar al puente sobre el Sena, a la madrugada en que nos saltamos los horarios e inventamos las normas, al instante en el que sentimos, hace solo unos días, que éramos eternos.

Pero no te digo nada de todo esto y te lo resumo de otra manera, con otras palabras, porque me da miedo que pienses que estoy loca o que son extravagancias de una adolescente caprichosa y rebelde. Qué va, papá, nada de eso. Es la intuición de que si nos dejas entrar, podremos encontrar las respuestas que faltan.

—Dame una buena razón.

—Me lo debes.

—He dicho que sea buena.

—¿Reconoces esto?

Múltiples aves hacen estrépito.
¡Se han convertido en aves color de fuego,
se han convertido en aves color de oro!

—¿De dónde lo has sacado?

—Es una larga historia.

Sin mediar palabra, mi padre se va a su biblioteca y coge tres o cuatro volúmenes de poesía. Da la sensación de que busca algo muy concreto, pero está tan concentrado en ello que no me atrevo a preguntárselo. Por fin, da con ello.

—Aquí está.

Señala una página en una de las antologías que ha seleccionado y compruebo que el texto es la estrofa de un poema que aparece bajo el epígrafe de *Cantos de guerra*. Su título, «Canto de Moctezuma». Definitivamente, todo parece conducirnos al mismo sitio.

—¿Lo ves?

—Cuéntamelo todo, Abril. Desde el principio.

Me temo que mi historia va a resultarle inverosímil, así que le pido que se siente e intento ser todo lo ordenada que puedo. No es fácil hilvanar el relato y me esfuerzo por organizar los hechos y ofrecerle una visión lo menos enloquecida posible de cuanto hemos vivido. Me cuesta concentrarme en la narración mientras miro inquieta el móvil esperando que haya noticias del hospital aunque, por algún extraño motivo, empiezo a convencerme de que Marina tiene razón: no las habrá hasta que en esta sexta noche, con lo que sea que debamos hacer, nosotras las provoquemos.

—¿Qué nombre has dicho que aparecía en ese mensaje?

—Tezcatl.

Mi padre reacciona de repente e interrumpe mi historia mientras me hace un gesto pidiéndome que me calle un segundo.

—Tiene que estar por aquí...

Coge y tira varios libros al suelo sin apenas prestarles atención. Busca algo muy concreto. Algo que puede estar en cualquier lugar de esta infinita biblioteca que, cómo lo recuerdo, fue una de las peores partes de su mudanza. No he olvidado cómo me sentí al ver que no solo me robaba su presencia, sino también ese mundo que encerraban sus páginas y que es, entre otros motivos, parte de lo que me fascina de él. Porque él tiene la culpa de que me apasionen las palabras. De que me vuelva loca el cine. De que, en el futuro —si es que hay algún futuro—, quiera ser escritora. Por eso me dolía ver el vacío que dejaron en casa esas cajas: porque se llevaba consigo hasta el rastro de palabras que había dejado en mí.

—¿Qué buscas?

—Dame un segundo.

Sigue tirando libros y el suelo se llena de novelas, ensayos, volúmenes de fotografía, antologías, relatos... La voracidad lectora e investigadora de mi padre inunda la habitación mientras él continúa obcecado en su persecución.

—Aquí está.

Es una edición vieja, medio desencuadernada. No me da tiempo ni siquiera a ver el título. Se limita a abrírmela por una de sus últimas páginas y me pide que lea.

—Fue un regalo de Lupe.

—¿La misma que...?

—La misma. Ten.

—Gracias.

—Por cierto...

—¿Qué?

— Eso. ¿Cómo es que lo llevas? —mira con curiosidad mi brazalete.

—No sé. Me gusta.

—Claro —sonríe.

Cojo el libro y, nada más tenerlo entre las manos, vuelven a mí las voces, las sombras, el fuego y las raíces que hace solo unas noches, en ese puente, sentía que me anudaban al cuerpo de Iván. Las mismas que llevan irrumpiendo en mis sueños desde que comenzó septiembre. Intento controlar esta mezcla de sensaciones y comienzo en voz alta la lectura de las páginas que marca mi padre, al cierre del libro.

«Ahora que hemos alcanzado el final de este viaje, puedo confesarles que la historia que han leído en estas páginas tiene más de recreación que de invención. El relato de la vida de Xalaquia no es fruto único de mi fantasía, sino que su origen se halla en las narraciones y leyendas orales que he ido recopilando a lo largo de los últimos años. Mi labor ha consistido en novelar esos testimonios, dando forma de ficción a las palabras, a veces un tanto inconexas, que me ofrecían quienes habían escuchado sus hazañas gracias a la transmisión oral de generación en generación.

La historia de Xalaquia no es tan conocida y afamada como otras leyendas que se asientan con fuerza en el acervo cultural azteca, como la del guerrero Tlahuicole, pero sí disponemos de numerosos testimonios sobre la singular vida de esta joven que quiso adelantarse a su tiempo en un momento en que su pueblo se enfrentaba a la amenaza que habría de conducirlo hacia su final.

Aunque nuestro relato posee un desenlace cerrado, la tradición oral deja abierta su historia a la espera de que el último conjuro de Xalaquia cambie el destino de los personajes. La creencia en un tiempo circular, en el que la destrucción no es sino una forma de volver a nacer, aparece una y otra vez en estos textos en los que se afirma que nada de cuanto sucedió es inamovible y, en realidad, ni siquiera ha ocurrido. Bastará con que se den las circunstancias apropiadas para que la historia alcance su conclusión y las raíces devuelvan la vida que entonces robaron.

En mis años de investigación sobre esta historia no he podido articular un único corpus textual coherente, pero sí ha sido fascinante comprobar el elevado número de semejanzas que existen entre las distintas fuentes, a pesar de su carácter marcadamente fragmentario. En ellas, además, se insiste en el obsesivo estudio de Xalaquia sobre los malinalli, portales que se hallaban en diversos elementos de la naturaleza —sobre todo, arroyos, cuevas y árboles— y que, según se decía, servían de acceso a los dioses para poder adentrarse en la realidad humana. De este modo, los malinalli se convertían en una especie de intersección entre el espacio-tiempo de los mortales y el espacio-tiempo de los inmortales, dando como resultado una dimensión nueva con sus propias coordenadas y leyes cronológicas y físicas.

Si la tradición está en lo cierto, las últimas acciones de Xalaquia no habrían sido fruto de la desesperación, sino de un plan meticulosamente trazado con el fin de provocar la apertura de uno de esos malinalli que solo podría cerrarse con la intervención de quienes habrán de continuar y acabar su historia. En este sentido, las leyendas sobre su final recuerdan, desde una lectura actual, a algunos de los presupuestos clave de la física contemporánea. Así, por ejemplo, podría parecer que el espacio creado por la apertura de los malinalli guarda ciertas semejanzas con la hoja del mundo que corresponde con una cuerda cerrada según la compleja teoría de cuerdas.

No es este el lugar de abordar esos retos matemáticos, pero como transmisor de este relato no sería justo con sus protagonistas si no dejase abierta la puerta hacia ese final del que hablan las leyendas que recogen su historia, y que han sido la base desde la que, humildemente, he intentado narrar sus vidas. Unas vidas de las que el *Canto de Yohualli* —uno de los pocos poemas del llamado «ciclo de Xalaquia» que se conservan de modo casi íntegro— dice así:

Volverán, gran Tlaloc, y las luces te guiarán a casa
cuando tus aguas den nombre al fuego.
Cuando el mes del que eres dios se haga mujer [1].
Cuando el hombre alado abrace al hombre de tierra.
Cuando la sexta luna bañe el agua
en la que eternamente se ha de mirar Tenochtitlan.

Vuelvan o no, solo espero que este libro sirva para que la historia de Xalaquia siga recorriendo las vidas de quienes, como yo, nos hemos enamorado para siempre de su valor y de su coraje».

México D. F., 1978

Levanto los ojos del libro y miro a mi padre. Intento concentrarme: tenemos poco tiempo y sé que él se juega mucho. Que se lo juega todo, en realidad. Sin embargo, me cuesta no reconstruir una y otra vez la conversación de esta tarde y regresar a esas palabras que he tardado demasiado tiempo en conocer.

—Lee la dedicatoria, Abril.

Allí estaba, la firma de mi padre en la primera página. Y el nombre de mi madre, escrito en ella.

—Cuando decidimos pelear por ti, cuando supimos de tu existencia, le regalé este libro que, a su vez, me había entregado Lupe. Me gustaba la historia que contaba...

[1] El canto se refiere en este caso al mes Tozoztontli del calendario azteca, que comprende del 14 de marzo al 2 de abril en nuestra medida del tiempo. Sus dioses patronos son, según nos cuenta Fray Bernardino de Sahagún en *Historia de las Cosas de Nueva España*, Coatlicue y Tlaloc.

La fuerza de su protagonista. Le prometí a tu madre que nosotros te educaríamos en esa libertad. Que borraríamos la crueldad de tu pasado y que serías nuestra Xalaquia... Por eso te llamamos Abril. Por ese poema que acabas de leer...

Por primera vez entiendo que mi nombre sí tiene una razón, por mucho que lo odie. No fue una elección casual ni caprichosa —hasta ahora había tenido a mis padres por dos esnobs—, sino un tributo a su historia de amor. A algo que los había unido cuando todo iba bien. Cuando todo estaba tan lejos de estropearse y parecía imposible que algo saliera mal. Un guiño sentimental cuyas consecuencias no podían prever.

—Tezcatl es uno de los personajes de esta historia. De todos modos... Solo es una leyenda. Cuesta creer que sea cierta.

Lo sé. Pero sé que, por absurdo que parezca, sí tiene sentido. Porque ni siquiera el nombre es casual: Tezcatl, espejo... ¿No es eso lo que es ahora mismo mi vida: el reflejo perverso de otra que desconozco y con la que, sin embargo, siento que estoy profundamente vinculada? *Cuando el mes del que eres dios se haga mujer.* ¿Se trata de mí? Siento un escalofrío al verme responsable de una tarea que supera, con mucho, lo que me creo capaz de afrontar, pero me niego a olvidar todo lo que he aprendido junto a Iván estos meses sobre cómo las fronteras que limitan nuestro conocimiento del tiempo y del espacio no hacen más que empequeñecer una realidad que, en el fondo, nos desborda. *Las luces te guiarán a casa...*

No puede ser azar. No puede ser casual que la canción que nos unió en aquel parque a Iván y a mí escondiera un verso tan similar. *Lights will guide you home*. Eso es lo que decía ese *Fix you* de Coldplay que escuché por primera vez el día en que intuí que, por mucho que me resistiera a ello, Iván acabaría siendo alguien importante en mi vida. Y ahora todo consiste exactamente en arreglar algo que se ha roto, en recomponer los pedazos de la maldita taza —*I will try to fix you*— para que la vida vuelva

a ser como era.

—Haré lo que pueda —accede al fin mi padre—. Pero vais a tener que daros prisa.

Lo entiendo, de verdad. Le he agradecido su disposición y he sentido una punzada de remordimientos por haberlo distanciado de mí en estos meses. Que hoy sea capaz de anteponer mi extraña locura a su futuro profesional es uno de esos actos que suponen, por sí solos, una especie de reconciliación. Cómo puedo echarle en cara nada de lo que haya hecho —o, más aún, de lo que haya omitido— cuando está dispuesto a jugárselo todo por mí.

Me mira fijamente, con ternura, y sé que tiene algo que decirme.

—Queríamos contártelo después de regalarte este libro... Dártelo con el brazalete que hoy llevas contigo y unas postales viejas.

¡Las postales! Me había olvidado por completo de ellas, busco en mi bolsa mientras mi padre sigue hablando. Estoy segura de que las metí dentro del cuaderno que llevo conmigo a todas partes.

—Ese era nuestro plan. Esperar a que tuvieses una edad razonable y hablarte de tu origen y de tu nombre con una historia que compartiríamos los tres juntos. Un plan perfecto, Abril. Queríamos que el amor por ti se sumase al amor que sentíamos nosotros entonces... Pero luego todo se frustró... El libro se vino conmigo y decidimos que era mejor aplazar esa conversación hasta que tu madre y yo pudiéramos hablar como personas civilizadas. Tan sencillo como eso.

—¡Claro!

—¿Me estás escuchando, hija?

—Mira...

Le acerco una de las postales: según figura en el reverso, se trata de una imagen del dios Tlaloc.

—¿No hay alguna representación de este dios en tu museo?

—Sí.

—¡Genial! Dinos dónde.

—Hay un problema, Abril...

—¿Cuál?

—Que no es una representación... Son unas cuantas. Si contamos, además de las expuestas, las imágenes no expuestas, puede que entre esculturas, jarras, dibujos y fotografías sumen un centenar de ellas...

—Pues tendremos que dar con la correcta.

Mi padre me mira con condescendencia. Entiende mi voluntad pero duda de que realmente pueda lograr algo así y, más aún, haciéndolo contra reloj. Acepto su escepticismo, casi diría que lo comparto, y a pesar de todo me limito a pedirles a Marina, Nico y Ángel que se reúnan conmigo. Nos espera una compleja tarea y puede que la vida de Iván dependa de ella.

Zeltzin

La Noche Triste.

Así fue como llamaron los españoles a aquella noche del 30 de junio de 1520 en la que perdieron la vida centenares de los suyos y de los tlaxcaltecas que los acompañaban.

Y triste fue como la vivieron quienes amaban a Xalaquia aunque, como era el caso de su padre, hubieran intentado ocultar ese sentimiento por motivos que de repente les parecían insignificantes.

De la deshonra al mayor de los honores, ese era el viaje que había hecho su hija —se decía Ohtonqui— y se preguntaba cómo era posible que hubiera sido capaz de averiguar lo que a todos los demás se les había ocultado. Sin ella y su voz de alarma, habría sido su pueblo el que, por segunda vez desde los viles asesinatos del Templo Mayor, hubiese vivido una masacre por parte de aquellos extranjeros obsesionados con el dominio en vez de la convivencia.

Zeltzin había decidido que no podía detenerse a llorar la muerte de su amiga. Tenía aún una obligación que cumplir y estaba dispuesta a asumir los riesgos. Así que, esa misma noche, cogió una de las armas que les había autorizado a usar el emperador y se puso en camino con la firme voluntad de emplearla si alguien intentaba impedirle llegar hasta Ocelotl. Tenía consigo el mechón de cabello y la orden («Dile que lo entierre») que Xalaquia le había dado. Nada iba a alejarla de cumplir esa última promesa.

Debía darse prisa. Los extranjeros habían cercado la ciudad dispuestos a vengarse de la derrota sufrida, pero su ignorancia sobre algunos de los puntos débiles le permitían contar con otras vías de escape desde las que llegar hasta Ocelotl. Seguramente los españoles descubrirían esos flancos en breve, así que no podía permitirse el lujo de sentir miedo ni, mucho menos, de trazar un plan más sofisticado. El puñal que llevaba consigo y la rabia que sentía por el asesinato de su mejor amiga habían de ser suficientes para lograr su objetivo.

El camino elegido acababa en un pequeño recodo donde sí encontró a un grupo de soldados custodiando la posible fuga de los habitantes de Tenochtitlan. Salvo que su rencor le diese unas fuerzas con las que nunca había contado, se sabía incapaz de hacerles frente, pero tampoco le era posible volver atrás. A su espalda había creído oír voces que hablaban en esa lengua desconocida y supo que, tanto si elegía avanzar como si se decidía a retroceder, habría de entregar su vida luchando con aquel miserable puñal.

Hacia delante, siempre. Ese había sido el lema que le repetía Xalaquia cuando eran unas niñas y ese fue el lema que hizo suyo en esta ocasión. Se disponía a encararse con los hombres que estaban ya a tan solo unos metros de ella cuando alguien se interpuso para cambiar sus planes:

—¡Corre! ¡Vamos! ¡Corre!

Izel, que la había visto huir en medio de la noche, la había seguido hasta allí. Acababa de perder a su hermana y no podía dejar en manos del enemigo también a quien iba a ser su prometida. El dolor, que se había ensañado con su familia, no tenía derecho a robarle a nadie más.
Sin pensarlo, ocupó el lugar de Zeltzin y se lanzó contra los soldados a quienes ella, en un arrebato de inconsciencia, pretendía hacer frente.

—¡Huye!

Su agilidad no era suficiente. Pronto se sumaron a aquellos extranjeros otros tantos más que rodearon a Izel como si fuera un animal salvaje. Zeltzin salió corriendo sin mirar atrás, intentando evitar aquella imagen y rogando a los dioses que asistieran a su prometido en la batalla. Se maldecía a sí misma por haberlo arrastrado hasta allí. Maldecía a Xalaquia por haberle pedido ese favor macabro e imposible. Y maldecía el tiempo oscuro en el que le había tocado vivir.

Podía oír los gritos del guerrero mientras seguía corriendo, hasta que la voz de Izel cesó de pronto. Cuando fue consciente de lo que significaba aquel silencio, Zeltzin tuvo que detenerse para coger fuerzas. No podía respirar. No podía pensar. No había nada que hacer ni que decir. La vida le resultaba un enorme peso con el que habría de cargar en el futuro. Sola. Sin nadie más... Tragándose las lágrimas, cogió el mechón de cabello que le había dado Xalaquia y elevó el brazo dispuesta a lanzarlo tan lejos como fuera posible. Pero se contuvo. Culpable o no, ya no tenía remedio. La muerte de Izel no podía ser por nada. Y la de Xalaquia tampoco.

Ocelotl no se sorprendió al verla. El viento también había llevado hasta él la voz agonizante de la mujer a quien amaba y el guerrero había llorado hasta la última de sus lágrimas, por el tiempo de soledad que comenzaba. Nada le quedaba ya por lo que mereciera la pena luchar. No tras haber perdido en una sola noche todo cuanto le importaba. El honor. El amor... Sus dos ejes —¿acaso había algo más por lo que mereciera la pena vivir?— habían sido fulminados por los crueles rayos de un destino que disfrutaba jugando con los mortales.

Zeltzin lo miró con tristeza. En su mirada solo había desolación. El guerrero pudo leer todo cuanto había sucedido en aquellos ojos que gritaban de rabia y desesperanza. Se abrazaron con fuerza y dejaron correr las lágrimas, sin hablar, hasta que sus corazones se secaron. Un río de amargura nació a sus pies mientras ellos sentían que se quedaban sin motivos por los que llorar en el futuro. Quizá ni siquiera había futuro: solo quien tiene motivos para llorar está realmente vivo.

—Ten.

—¿Qué es esto?

—Me lo dio ella. Me dijo que debías enterrarlo y ofrecerlo al gran Tlaloc.

—¿Por qué?

—No lo sé. Pero hazlo. Puede que me hayan seguido hasta aquí...

No se preguntaron ni se dijeron nada más. Las voces de los soldados extranjeros que, en efecto, habían dado con el rastro de Zeltzin, rompían la tranquilidad de la noche y les hacían sentirse rodeados de una amenaza próxima y constante. Tampoco había ya nada más que decirse. Cada uno de ellos sentía con fuerza su propio dolor y transformarlo en palabras solo contribuiría a inmovilizarlos, sumiéndolos en un letargo de amargura en el que no era momento de caer.

Ocelotl tomó aquel mechón y lo enterró bajo el río de tristeza que había nacido de sus lágrimas. Lo cubrió de arena con mucho cuidado y elevó sus plegarias a Tlaloc, dios de la lluvia y del trueno, tal y como le había indicado Zeltzin. En ese instante la tierra comenzó a agitarse sobre sí misma y los dos notaron que los árboles que los rodeaban arrancaban sus raíces de cuajo, desplazando las piedras y provocando una fuerte ventisca de arena alrededor.

—Es ella. Es Xalaquia.

Eso fue todo lo que Ocelotl alcanzó a decir antes de que las raíces los envolvieran y arrastraran consigo mientras ambos, instintivamente, trataban de desasirse y liberarse. Los árboles los empujaron hacia la tierra y tensaron raíces y ramas sobre sus miembros hasta que sus respiraciones cesaron y sus cuerpos quedaron cubiertos por la tierra de la que formarían parte en el futuro.

Sobre ellos, elevándose en el cielo, un ejército de aves de fuego alumbró el momento en que se hicieron arena y raíces ante la mirada atónita de los recién llegados perseguidores extranjeros.

Ni Izel ni Zeltzin vivirían, meses después, el prolongado asedio de Tenochtitlan que comenzaría en mayo de 1521. Ni la rendición de Cuauhtemoc el 13 de agosto de 1521. Ni la ejecución del tlatoani en 1525. Ni la destrucción de un mundo que era el suyo y que nadie tenía derecho a arrebatarles.

Ninguno de ellos viviría ya nada que no fuera esa eternidad de arena de la que acababan de ser víctimas.

La última voluntad de Xalaquia se había cumplido.

25

Solo tenemos media hora. Ni un minuto más.

Debíamos ser cuatro. Eso era lo que parecían decirnos los mensajes. Y siempre pensé que esos cuatro éramos Nico, Iván, Marina y yo, pero con Iván en coma... Nico ha propuesto que sea Ángel quien lo sustituya y, aunque no estoy convencida de que vaya a surtir efecto, me gusta que sea él quien nos acompañe. Ya nos ha echado un cable en más de una ocasión y todos estamos tan perdidos que cualquier ayuda, en esta noche extraña, es más que bienvenida.

Ahora solo importa que los cuatro nos concentremos en lo que hemos venido a hacer a este museo. Un lugar al que hemos acudido con una mezcla extraña de esperanza y derrota. Porque el yo que quiere creer que va a suceder algo está en lucha continua con el yo que teme que no suceda nada. Mi padre se ha ofrecido a distraer a los de seguridad con una excusa cualquiera para facilitarnos la entrada por uno de los accesos laterales. No ha sido fácil, porque el vigilante se mostraba reacio a creerse sus razones, pero finalmente su calidad de comisario de exposiciones y un par de amenazas con dar parte inmediato a sus superiores han sido de lo más eficaces.

—Treinta minutos, chicos. Ni uno más.

Nico se encarga de cronometrarnos y Marina lleva consigo el plano del museo donde mi padre nos ha marcado los lugares en los que se hallan las diversas representaciones del dios que buscamos. Demasiadas cruces en un espacio que no controlamos y donde ignoramos el punto exacto al que debemos dirigirnos. Decidimos fiarnos de la intuición y recorremos deprisa parte de los espacios destinados a África y Oceanía hasta que, al fin, damos con el punto donde empiezan las salas en las que se exponen las muestras del arte y la cultura americanas.

—¿Y ahora qué?

Quedan apenas quince minutos y no tengo ni la más remota idea de qué debemos hacer. Supongo que en mi absoluta ingenuidad había pensado que tan pronto como entrásemos al museo se encendería un cartel luminoso de «Solución: Aquí». Pero, como era de esperar, nada de eso sucede. Solo sé que estamos a oscuras en un espacio que no conocemos buscando algo que ignoramos.

—¿Dónde tienes el libro del que me habéis hablado?

Ángel busca la última página y relee el *Canto de Yohualli*. Nico no pierde de vista el reloj mientras buscamos en sus versos algo que nos permita darle sentido a lo que estamos haciendo aquí.

—Léelo.

—¿Qué dices, Nico?

—Que leas el poema.

—¿Y para qué?

—Abril, por favor.

Cojo el libro y trato de creer en lo que estoy haciendo. Intento pensar que estos versos pueden ayudarnos a cerrar el círculo que se abrió meses atrás en Madrid. O años antes en D. F. O siglos atrás en Tenochtitlan. Intento no perderme en la suma de tiempos y de círculos que se abren ante mí ahora mismo y me esfuerzo por leer con solemnidad los versos del *Canto de Yohualli.*

—Diez minutos, Abril.

—Léelo de una vez —insiste Ángel—. Tenemos que marcharnos...

Volverán, gran Tlaloc, y las luces te guiarán a casa,
cuando tus aguas den nombre al fuego.
Cuando el mes del que eres dios se haga mujer.
Cuando el hombre alado abrace al hombre de tierra.
Cuando la sexta luna bañe el agua
en la que eternamente se ha de mirar Tenochtitlan.

Nada más acabar de leer el poema se encienden las luces de una de las salas. *Las luces te guiarán...* ¡Eso es! La idea de Nico no ha sido tan descabellada como parecía.

—¡Seguidme!

Corremos en la dirección que indica la luz y nos encontramos en una sala donde se exponen diversas representaciones de dioses aztecas. Allí, entre todos ellos, justo en el centro descubrimos una figura en piedra de apenas unos cincuenta centímetros. Según el cartel que la acompaña, se trata de Tlaloc, dios azteca de la lluvia y el trueno.

—¿Y ahora qué?

Estoy bloqueada. No puedo pensar. ¿Qué se supone que debería hacer en este momento? Juraría que hemos dado con la clave del enigma, pero en este caso esa solución no nos conduce a ningún sitio.

—Vuelve a leerlo.

—¿Para qué?

—Si ese poema nos ha traído hasta aquí quizá sea también la llave que nos dé la respuesta que necesitamos.

Busco en mí la confianza necesaria para el sortilegio que me propone Nico y repito las palabras sin demasiada fe. Aguardamos unos segundos y, como era de esperar, no sucede nada. No se ha abierto ninguno de esos portales mágicos que, según el libro, conectaban el tiempo de los mortales con el de los inmortales. Tampoco se cierra ninguno de los círculos abiertos y no se continúa en mí el viaje que, supuestamente, hemos venido a concluir. Las profecías se revelan un juego poético y supersticioso, una suma de mentiras embellecidas por el verso que nos han alimentado de una esperanza inútil.

—¡Mierda!

Nico se derrumba. No sé si es el cansancio, la desilusión, la tristeza..., o todo a la vez.

—¿Qué más quieren de nosotros?

Estamos a punto de enloquecer. Furiosos por lo que le ha sucedido a Iván y hartos de no encontrar respuestas ni soluciones en este maldito laberinto. Ángel se acerca y lo abraza. Él intenta apartarlo, quiere hacerse el fuerte delante de nosotros, pero Ángel es más tenaz y lo aferra con firmeza contra sí.

En cuanto lo abraza, se apagan todas las luces de la sala donde estamos, salvo el foco sobre la estatua de Tlaloc, que sigue brillando con fuerza. *Cuando el hombre alado abrace al hombre de tierra.* ¿El hombre alado? ¡Ángel! De repente todo tiene sentido. Por eso era necesario que viniera él. Por eso alguien colgó aquella fotografía en el Facebook de Nico: era Ángel a quien querían aquí, no a Hugo. Y si todo encaja, si ya todo está bien, ¿por qué no ocurre algo más? ¿Qué se supone que debería pasar y, sin embargo, no está pasando?

—Solo quedan cinco minutos, chicos —se impacienta Marina. —¡Tenemos que irnos ya!

En un acto reflejo acerco mi mano izquierda hacia la figura del dios. Espero sentir el tacto frío de la piedra y, sin embargo, experimento una extraña quemazón que me recuerda a las heridas sufridas o inventadas, ya no lo sé, unos meses atrás.

—¡Vámonos!

Hacemos caso a Marina y la seguimos veloces hasta la salida. La luz ha atraído la atención de los vigilantes, a quienes oímos acercarse desde otra de las salas. Por suerte, el museo es lo bastante grande como para escabullirse sin ser descubiertos. Corremos y trato de convencerme de que lo vivido no ha sido producto de mi imaginación. Llevo tanto tiempo sumando casualidades y buscándoles una interpretación que he olvidado el sentido común. Quizá me he dejado convencer por mitos aztecas y teorías flexibles de tiempos pasados y futuros. Teorías que repaso mientras corremos hacia la salida y nos escondemos —al fin lo hemos logrado— en las cercanías del museo. Todo lo vivido hasta ahora vuelve a mi cabeza: mensajes sin remitente en nuestros móviles, fotos robadas colgadas en Facebook, heridas que aparecen y desaparecen, canciones que suenan sin que nadie les dé permiso para hacerlo... Sin soluciones, sin respuestas, pero con algo de esperanza: así salgo de este lugar en el que esperaba escribir una página que apenas he conseguido emborronar.

Mi padre nos recoge en el coche, visiblemente nervioso tras estos minutos en los que se ha jugado todo su futuro profesional. Ni siquiera nos pregunta si hemos logrado algo, pues su complicidad no ha tenido que ver con la fe en nuestra idea, sino con la necesidad de demostrarme que se merece que le dé otra oportunidad. Y sí, sé que voy a dársela, porque tiene que confiar ciegamente en mí si ha sido capaz de creer también en cuanto le he pedido que haga esta noche. Le digo que nos lleve hasta el hospital con la lejana esperanza de que el hecho extraordinario que vaticinaban los versos aztecas haya tenido lugar en la habitación de Iván. Quiero creer que voy a entrar allí y lo voy a hallar despierto. Es más, decido que ni siquiera van a tener su nombre en el registro. Porque esa noche triste no habrá ocurrido. Esa noche de violencia y de sinrazón en la que el odio ajeno nos partió la vida no será más que la pesadilla que haya borrado hoy el gran Tlaloc.

Mientras vamos al hospital noto una molestia extraña en mi muñeca izquierda, cerca de la mano con la que toqué la estatua del dios azteca. Cuando me miro, veo que en mi piel hay rastos de ceniza y descubro que mi brazalete, que llevo en esa muñeca desde que mi madre me lo dio, posee una nueva figura: un gigantesco árbol grabado a fuego.

Al fin llegamos al hospital y cuando preguntamos por Iván la enfermera tarda algo más de lo habitual en respondernos. La esperanza, por unos segundos, renace.

Una esperanza que se rompe en cuanto nos confirma que el paciente sigue en su habitación.

Todavía en coma.

Yohualli

 Enseguida reconoció la señal.

La había esperado durante muchas noches, convencida de que sus súplicas a la gran Coatlicue, la de la falda de serpientes, no caerían en el olvido. La diosa, que sabía de su dolor, no la abandonaría. No permitiría que su amado Nahui, renombrado por el destino como Ocelotl, se consumiera en la horrible muerte que, según se decía, había sufrido unas lunas atrás. La anciana Yohualli, ajena a los malos agüeros, siguió pidiendo a la diosa que le mostrase su compasión devolviendo a sus brazos al que siempre había querido como a un hijo y de cuya pérdida se dolía con tanta intensidad.

Por eso, porque esperaba que sucediese algo, fue ella la única que se dio cuenta del nacimiento de un nuevo y gigantesco árbol en la frontera de Tlaxcala. En medio de aquel paraje antes fértil y exuberante y ahora yermo y asolado por la violencia de la guerra. Yohualli conocía aquella tierra palmo a palmo y estaba segura de que nunca había habido un árbol semejante en ese preciso lugar. Se acercó hasta él, cerró los ojos dispuesta a sentir el calor de su interior y puso las manos sobre el tronco, intentando escuchar las voces que habían de nacer tras la corteza. Un susurro casi ininteligible llegaba hasta ella, pero cuanto más se esforzaba por discernir su mensaje, más confusa le resultaba la voz.

—Habla conmigo, Nahui. Habla con tu anciana Yohualli. Por favor.

El susurro comenzó a hacerse cada vez más claro hasta que dibujó, por fin, una palabra en la mente de la anciana.

—Fuego.

En cuanto Yohualli pronunció aquello, el árbol agitó su fuerte ramaje y el cielo pareció oscurecerse con la amenaza de una tormenta inminente. Era obvio lo que tenía que hacer y sintió que estaba a punto de afrontar una acción sin retorno. Su intuición jamás la había abandonado y ahora, con las manos junto a aquel árbol, supo que debía cerrar el ciclo de uno de los malinalli sagrados. Una puerta que solo se abría si quien se adentraba en ella dejaba a alguien marchar al otro lado. Así había sucedido con el nacimiento de los primeros dioses. Y así había de ser siempre: la vida solo podía nacer de la muerte igual que la muerte era el inicio de la vida.

Nadie había sido tan osado antes. Nadie había arriesgado su vida con la esperanza de volver de la muerte. Pero sabía que Ocelotl había encontrado a quien le guiase en ese camino. Y ahora alguien, a quien no conocía, había comenzado a cerrar el ciclo en otro tiempo. En un espacio que ni siquiera alcanzaba a imaginar. Todo se había concertado para que el malinalli se completase al fin. Para que la vida soñada sustituyese a la pesadilla presente. El tiempo de la muerte frente al tiempo de la vida. Solo había que entregar un alma dispuesta a inmolarse por quienes, en el ayer y en el mañana, esperaban de su sacrificio. Una única muerte real para que todas las acaecidas y las futuras se desvaneciesen y se volviesen vida.

Yohualli no tenía miedo. Había vivido más años de los que esperaba y no le asustaba caminar hacia ese otro lu-

gar que nadie conocía. Intercambiar su vida por la de los más jóvenes le parecía un sacrificio justo y razonable, así que corrió a prender el fuego. Usó, para ello, su brazalete, confiando en que aquel amuleto atrajese consigo la protección de todas las deidades.

La hoguera se extendió con rapidez hasta formar cuatro focos bien diferenciados que rodeaban, sin llegar a tocarlo, al gigantesco árbol. Yohualli miraba las llamas fijamente, observando cómo componían siluetas humanas que narraban la historia de Nahui. De Xalaquia. Y de quienes los habían acompañado en su búsqueda de un mundo mejor. De una utopía que la llegada de los extranjeros y la enemistad de sus pueblos había desterrado para siempre.

La anciana cerró los ojos y escuchó las voces que se ocultaban tras el crepitar de las llamas. Xalaquia. Ocelotl. Zeltzin. Izel. El fuego repetía sus nombres una y otra vez con un tono solemne, como si se oficiara por primera vez un rito que nadie había conocido jamás. Yohualli podía distinguir aquellas palabras con nitidez y su sonido se hacía más y más fuerte por momentos. Pronto, los nombres conocidos se mezclaron con sonidos que nada significaban para ella. Abril. Marina. Nico. Ángel. Los distinguía con dificultad aunque veía con claridad cómo las voces se sumaban y agrupaban entre sí. Cuatro parejas que ardían a su alrededor, voraces e inminentes, dispuestas a acabar lo que el conjuro de Xalaquia había comenzado.

Yohualli dirigió una última súplica a su venerada Coatlicue —«Acógeme cuando llegue a ti»— y echó a andar hacia las hogueras que crecían voraces frente a ella. Sus llamas comenzaron a elevarse en el cielo hasta transformarse en aves que crepitaban en el firmamento. Pájaros de fuego que llevaron consigo —en su canto fúnebre— el aliento de Yohualli hasta el regazo de los dioses.

La tormenta anunciada estalló por fin y, cuando cesó la lluvia, el sol descubrió a los pies de aquel árbol los cuerpos desnudos de cuatro jóvenes que no entendían cómo habían ido a parar a aquel sitio. Desconcertados, solo encontraban preguntas entre las cenizas que los rodeaban. Una de ellos, sin embargo, sí parecía conocer la respuesta.

—Ha ocurrido —se repetía—. Ha ocurrido...

Izel se sorprendió al despertar con los brazos de Zeltzin enlazados en su cuerpo y miró a su hermana y al tlaxcalteca sin entender nada. A su alrededor, un paisaje tan verde y frondoso como lo era su mundo antes de la llegada de los extranjeros.

—¿Dónde estamos?

Zeltzin miraba a su amiga desconcertada, sumida en preguntas que era incapaz de responder. Todos, excepto Xalaquia, compartían ese mismo estupor.

—Debemos regresar. Nos esperan.

Los tres la siguieron intentando explicarse qué se ocultaba bajo los recientes pliegues de su memoria. En su cabeza se mezclaban las imágenes y sentían que había huecos que eran incapaces de completar. Ocelotl se veía a sí mismo huyendo de la rueda mortal gracias a Xalaquia, pero le resulta imposible reconstruir la historia de un amor que, sin duda, sentía y le impulsaba a seguir a la joven al lugar donde ella había decidido llevarlos. Xalaquia sabía que no debía ni podía responder a sus cuestiones: los dioses no permitirían que se desvelaran sus secretos a quienes no habían sido llamados a compartir las artes de su magia. Así que calló y se limitó a guiarles a la ciudad que les aguardaba tan majestuosa como de costumbre. Aquel sería un gran nuevo día en Tenochtitlan, ese otro Tenochtitlan que, aunque nadie pudiera saberlo nunca, ella acababa de crear. Una ciudad espejo, un mundo *tezcatl*, que ya nadie podría arrebatarles.

No podría explicarles cómo lo había logrado ni hablarles de qué realidad se ocultaba al otro lado de ese frágil cristal. Habría de guardar el secreto de los nombres, de cómo ató tiempos y espacios para que los lazos tensaran la realidad y provocaran el nuevo presente. En su mente se agolparon imágenes que no pudo entender, objetos que desconocía de pantallas brillantes donde aparecían palabras que ni siquiera era capaz de leer o que hacían sonar músicas que jamás había oído. Pero ya daba igual. Lo único importante era que los dioses habían encontrado el modo de que se cumplieran sus deseos, alterando las vidas de quienes estaban llamados a abrir, desde el otro lado del espejo, el malinalli.

Solo la exigencia de la vida de un inocente afligía a Xalaquia, consciente de que era Yohualli quien se había sacrificado por ellos. De nuevo, la historia se escribía con nombre de mujer. Con el de la anciana que daba su vida por los más jóvenes y con los de las jóvenes que acaban de abrir un horizonte nuevo a quienes parecían condenados a un trágico final.

—Vámonos.

Justo antes de partir, algo llamó la atención de Ocelotl y se inclinó a cogerlo. A sus pies, entre un montón de hojas calcinadas, yacía un brazalete con un gigantesco árbol grabado a fuego. El guerrero lo reconoció enseguida.

Era de Yohualli.

26

—No lo esperaba así.

—¿En qué sentido, Marina?

—No sé... Así.

Sonríe. Es la primera vez que sonríe de verdad en estas semanas. Será cosa del agua, me digo. Culpa de la magia de este río que se erige en el protagonista absoluto de esta ciudad. De esta noche en la que nos sentimos, otra vez, libres. Exactamente igual que nos pasó en Madrid a Iván y a mí tras la fiesta en casa de Nico... «La levedad», lo llamó. Y así volvemos a sentirnos. Leves. Ingrávidos. Seres inmateriales que se funden con París y se convierten en reflejo de sus aristas, en memoria joven de sus luces y sombras.

Puede que hoy nos olvidemos del reloj. Que lleguemos tarde a la primera noche de este viaje. Incluso que mañana recibamos algún tipo de amonestación o de castigo por nuestra osadía. Pero eso, ahora que somos leves, no nos importa. Porque desde cada puente que atravesamos la vida parece diferente. Sin más normas que restrinjan nuestra libertad. Sin nada que nos haga pensar, por un solo segundo, que no estamos destinados, como el agua a nuestros pies, a ser eternos.

—¿Os habéis fijado?

Nico señala una barandilla del puente que se ha desprendido a causa de todos los candados que había colgados en ella. Una valla metálica protege a los viandantes del hueco que, desde allí, nos separa del Sena —de la hipnosis que puedan ejercer sus ojos en nuestras cabezas— y un cartel de la policía francesa pide que, por favor, no se coloquen más candados en ese mismo puente.

—Son todos de parejas.

—Un poco cursi, ¿no?

—Tú siempre tan romántica, Abril.

—Ser romántica, Nico, es algo muy distinto. No tiene nada que ver con lo que la gente entiende por romanticismo.

—¿Ah, no?

Me acerco y cojo uno de los candados que han quedado en el suelo. Busco en él algún tipo de mensaje con la intención de burlarme pero encuentro un nombre que me provoca una sensación extraña. De repente, creo haber estado aquí antes. Y haber recorrido —con ellos— este mismo puente. Un *déjà vu,* supongo. Como si esta noche que ahora estamos viviendo no fuera más que la versión alternativa de una historia —la mía— que ya conozco.

—Xalaquia.

—No había oído nunca ese nombre —miento. Porque no lo he oído pero lo conozco. Algo en mí me dice que sí lo conozco. Y no puedo evitar que me invadan imágenes sin sentido ni conexión alguna. Fotogramas incoherentes de un pasado que no recuerdo haber vivido. Mensajes, versos, llamas, raíces. Todo se sucede rápido. En apenas unas décimas de segundo. Pero no sé a qué responde ni si debería buscarle algún sentido. ¿Por qué tendría que hacerlo? Esta noche no quiero pensar en nada que no sea disfrutar de cada minuto con ellos, con quienes sacan lo mejor de mí misma. Con quienes son —en eso consiste la amistad— mi mejor yo. Por eso no escucho las voces que me hablan (¿de dónde vienen?) de sucesos que no son míos, a no ser que mis cutresuperpoderes se estén volviendo reales y ahora sí tenga capacidad de combinar tiempos pasados, presentes y futuros.

—Xalaquia... Yo tampoco lo había oído antes. Pero me gusta.

—¿Te gusta, Iván?

—No sé por qué... Pero sí. Suena muy bien. Original... ¿No querrías llamarte así?

—Cualquier cosa es mejor que Abril.

Nos reímos y guardo el candado en la mochila. Como un recuerdo de esta noche extraña en la que tengo la impresión de haber estado antes, aunque juraría que no acababa así... Pero da igual. Ahora solo sé que me gustaría quedarme aquí siempre, en un viaje que acaba de empezar y que, si lo aprovechamos bien, se promete iniciático.

—Ven.

Iván me llama y me pide que contemple la ciudad junto a él. No podíamos imaginar que nos enamoraríamos de París en una sola noche. Se acerca un poco más a mí y noto que sus ojos hoy miran diferente, como si parte de la amargura que encierran también hubiera sido arrastrada hasta el fondo del Sena.

—Quiero que todo sea distinto, Abril. También entre nosotros.

Y me pregunto si podrá superar sus fantasmas. Si yo sabré afrontar los míos. Si no deberíamos ser cautos y darnos un tiempo antes de comenzar nada. Pero las precauciones se deshacen y caen al suelo tan pronto como nuestros cuerpos hablan entre sí con esa química que han sentido desde la primera vez que se rozaron. Un poco más lejos, Nico se abraza a Ángel mientras Marina, apoyada en la barandilla, sonríe en su recién descubierta soledad, contemplando París y feliz por primera vez desde hace semanas.

—Te voy a llamar Jack —le digo.

Nos besamos hasta perder el control del tiempo. Dejo que me abrace con fuerza en esta noche en la que —sí: es hoy, es ahora— empieza todo.

—Y yo a ti, Xalaquia —me susurra al oído.

Al escuchar mi nuevo nombre en sus labios siento que un círculo se cierra.

Que el caos se desvanece.

Y que la vida, la que quiero vivir, empieza hoy.

Agradecimientos

Cada novela es una suma de emociones, de encuentros y de hallazgos. Y esta historia tejida de historias no habría sido posible sin la ayuda de quienes me han prestado su música, su inspiración y hasta sus ideas, acompañándome —sabiéndolo o no— en este viaje.

Gracias, en primer lugar, a mis magníficos editores y amigos —Eusebio, Yolanda y Maite— porque fuisteis vosotros quienes me impulsasteis a adentrarme en mundos y modos narrativos que no había transitado hasta ahora.

Gracias a cinco entonces alumnos y hoy ya solo amigos —Jaime, Santi B., Vera, Santi P. y Ana—, porque vuestras selecciones musicales no solo han sido la banda sonora que acompaña a Abril, la protagonista, sino también las melodías que han estado conmigo en cada etapa de esta creación.

Gracias, cómo no, a Yolanda —gran amiga y excelente matemática—, que en una de nuestras noches cómplices me abrió con sus palabras y conocimientos la puerta de esta novela como si de uno de los mágicos malinalli que encuentra Xalaquia en su camino se tratase.

Y gracias a todos los que habéis llegado hasta aquí. A quienes os habéis sumergido en esta novela en la que, bajo la historia, la magia y la mitología, se encierra mucho de mí mismo. El qué, eso sí, prefiero que lo averigüéis vosotros...

Nos vemos en el próximo libro.

Aquí acaba este libro
escrito, ilustrado, diseñado, editado, impreso
por personas que aman los libros.
Aquí acaba este libro que tú has leído,
el libro que ya eres.

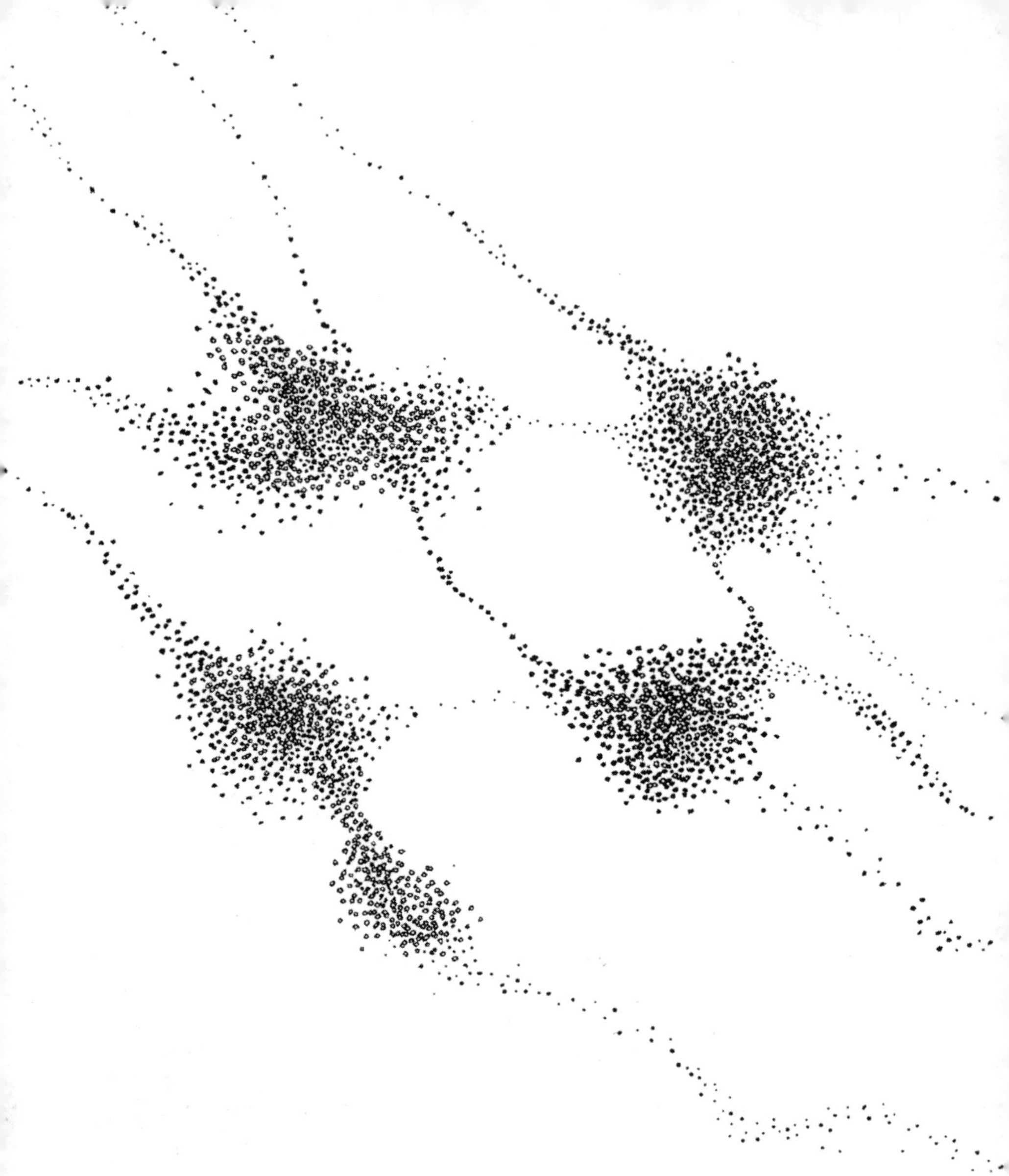

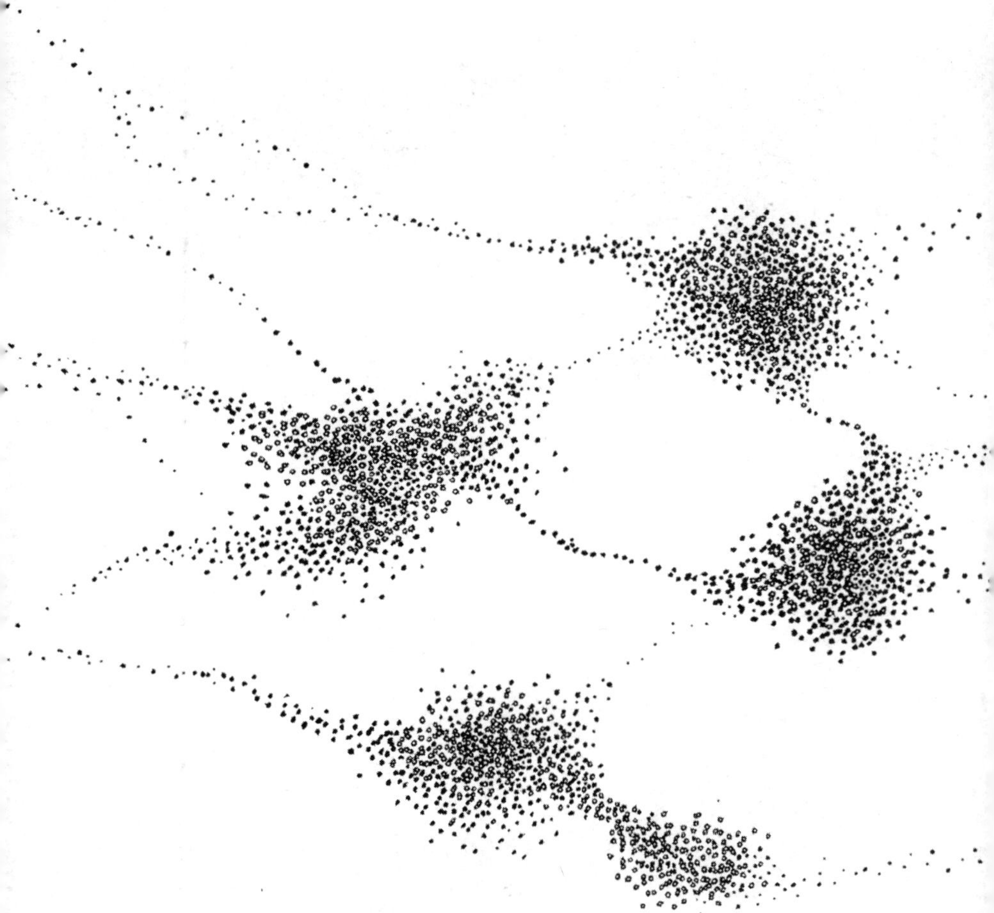

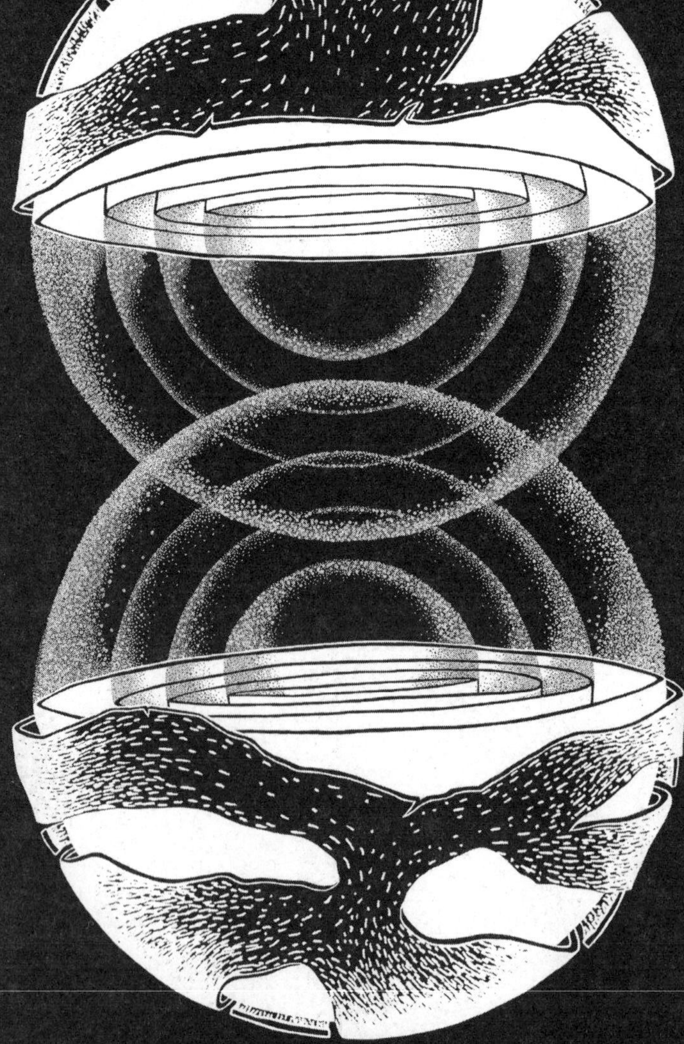